# Gerichtsbuch der Stadt Cassel

## aus 1505 und 1506.

Von

Adolf Stölzel.

Berlin 1913.

J. GUTTENTAG, Verlagsbuchhandlung, G. m. b. H.

Sonderabdruck aus der Festgabe für Rießer. 1913.

Cassel, das gegenwärtig seine Tausendjahrfeier begeht, hat sicher einst ein reichhaltiges Archiv besessen. Davon sind aber nur geringe Reste auf unsere Zeit gekommen. Nach mündlicher glaubwürdiger Überlieferung wurde, als es sich mit Einführung der französischen Gesetze in das Königreich Westfalen 1807 um Abhaltung des ersten Schwurgerichts in Cassel handelte, der damalige Polizeidirektor angeheißen, eiligst eine passende Lokalität dafür zu beschaffen. Er schlug den Saal des Rathauses vor, in welchem sich das Archiv befand. War ja doch das Rathaus seit alters die Gerichtsstelle der Stadt. Da die Räumung des Saales binnen 24 Stunden befohlen wurde, wanderten die alten Akten und Urkunden fuderweise in die Kasernen, um zur Anfertigung von Patronen benutzt zu werden, oder sie gelangten in die Papiermühlen zur Vernichtung. Was übrig blieb, füllt gegenwärtig etwa einen Aktenschrank des Rathauses. Neben 9 Kämmereirechnungen aus der Zeit von 1468 bis 1553, die im 3. Supplement der Zeitschrift des Vereins für hessische Geschichte und Landeskunde 1871 veröffentlicht sind, hat sich auf 77 Folioseiten das Gerichtsbuch der Stadt aus der Zeit vom November 1505 bis zum Oktober 1506 als spärliche Quelle für Nachrichten über die ehemalige Stadtgerichtsbarkeit erhalten. Die hier folgenden Blätter sollen den Abdruck dieses Gerichtsbuches bringen. Über seinen Inhalt und seine Bedeutung für die Geschichte des Gerichtswesens, die damals auf der Scheidelinie zwischen dem Verschwinden des heimischen und dem Eindringen des römisch-kanonischen Rechtes stand, äußerte sich der Herausgeber bereits früher (1872) in seiner „Entwicklung des gelehrten Richtertums" Bd. 1 S. 469 bis 475. Die Blätter sind von demselben Papier und demselben Format (21 cm breit, 30 cm hoch) und bilden drei gesondert zusammengeheftete Blattlagen, die untereinander ihren Halt durch zwei 12 cm lange und 3½ cm breite Pergamentstreifen erhielten. In jedem dieser Streifen sind die Blattlagen am oberen wie am unteren Teile eingeheftet worden. Der obere Pergamentstreifen fehlt gegenwärtig.

Die erste Blattlage hält 12 Bogen des Aktenpapiers = 24 Blatt oder (mit Abrechnung des leergelassenen ersten Blattes) 46 Seiten. Die zweite Blattlage enthält, weil das erste und die drei letzten Blätter weggeschnitten sind, 5 Bogen = 6 Blatt oder 12 Seiten, deren letzte Seite leer ist. Diese Blattlage reicht also von Seite 47—58 einschl. Die dritte Blattlage enthält ebenfalls 5 Bogen und reicht von S. 59 bis 77. Von dem Schlußblatt, das nur auf einer Seite beschrieben war, ist ausschließlich die untere, vom Ganzen getrennte, sehr lädierte Hälfte der S. 77 vorhanden.

Allein die beiden letzten der drei Blattlagen sind ursprünglich in den Pergamentstreifen eingenäht gewesen. Dann wurde die erstere stärkere Blattlage den beiden andern Blattlagen in demselben Pergamentstreifen mit besonderem Heftgarn vorgenäht. Die erste 12 Bogen haltende Blattlage besteht wieder aus zwei eigentümlich verbundenen Teilen. In ihre jetzigen ersten drei Bogen sind die übrigen 9 Bogen, nachdem sie beschrieben waren, hineingeheftet, und dann ist das Ganze dem Pergamentstreifen eingefügt; die sechste Seite der drei umschließenden Bogen blieb bis auf drei Zeilen der S. 4 leer; der Text der letzten sechs Seiten (S. 41 bis 46) steht aber in unmittelbarem Zusammenhang mit der vorausgehenden Seite der umschließenden Bogen. Die leere letzte Seite der 12 Bogen (S. 46) ist verwendet als Überschrift für den die zweite Blattlage beginnenden Rechtsfall. Völlig leer geblieben ist die letzte Seite der zweiten Blattlage (S. 58), wie die der dritten Blattlage (S. 78). Die untere lädierte Hälfte der Schlußseite endet mit einem Klageantrag, der möglicherweise auf dem zerstörten Stücke der folgenden Seite eine Fortsetzung hatte.

Ausweislich dieses Befundes ist die Aufschrift dem Buche erst gegeben, nachdem der Inhalt desselben bereits niedergeschrieben war, ohne daß bei der Niederschrift die Absicht bestand, das in verschiedenen Blattlagen Niedergeschriebene, nachdem es niedergeschrieben war, zu einem „Gerichtsbuche" zusammenzufassen. Das als ein Ganzes Zusammengefaßte erhielt dann von anderer Hand als derjenigen, welche die Einträge schrieb, aber noch in alter Zeit, auf dem leergebliebenen ersten Blatte den Titel „Gerichtsbuch Casselen" mit einem über dem Endbuchstaben befindlichen zirkumflexartigen Zeichen, nach welchem wohl Casselensis oder Casselense zu lesen ist.

Das Gerichtsbuch bildet sonach, weil es in eigentümlicher Weise nach und nach aus mehreren verschiedenen Blattlagen zusammengeheftet ist, keine Einheit; es stellt sich nicht etwa als ein gebundenes Buch dar, in das man die Gerichtsverhandlungen eingetragen hätte, wie sie zeitlich aufeinander folgten. Ein ordnungsmäßiger Anfang fehlt ebenso wie ein ordnungsmäßiger Schluß. Die meisten der vorkommenden Datierungen beschränken sich auf Angabe des Monatstags ohne die Jahreszahl. Letztere bringt zum ersten Male die Seite 14 (5. post omnium sanctorum 1505 = 6. Nov.), dann die Seite 24 (Montag St. Catharine Abend Quinto = 25. Nov.). Die übrigen Stellen mit Jahresangabe[1]) nennen das Jahr 1506. Die Einträge, welche ohne Jahresangabe dem Eintrag des 25. Nov. 1505 vorausgehen[2]), nennen sämtlich Tage, die vor dem 25. Nov. liegen. In das Jahr 1505 werden dann noch die nachfolgenden Dezembereinträge[3]) zu setzen sein, während die weiteren vom Januar bis Oktober datierten nachfolgenden Einträge[4]) sämtlich in das S. 44 zum ersten Male genannte J. 1506 gehören. Von den S. 47 bis 77 folgenden Datierungen geben sechs das Jahr 1506 an; die übrigen ohne Jahresangabe bewirkten Datierungen[5]) dürfen wohl hiernach auch dem Jahre 1506 zugerechnet werden. Aber es fallen die S. 54, 55, 56, 57, 71 angegebenen Data sämtlich v o r das Oktober-Datum 1506, welches auf S. 44 angegeben ist, und die Datierung S. 47 nennt sogar das Jahr 1505.

Einen vollständigen Einblick in das Geschäftsgebaren des Gerichts gewährt das Gerichtsbuch nicht. Die amtierenden Gerichtspersonen bleiben ungenannt. In zwei Fällen (S. 36 und 44) werden die drei Termine, in denen Parteihandlungen im Laufe des Prozesses

---

[1]) S. 44, 55, 56, 57, 71 und 72 des Gerichtsbuches.
[2]) Das. S. 6, 9, 14, 20.
[3]) Das. S. 26, 34.
[4]) Das. S. 34, 36, 38, 40.
[5]) S. 59, 77.

stattfinden sollen, den Parteien alsbald verkündet; wieweit im übrigen das Erscheinen der Parteien etwa auf Ladung beruht, ersieht man nicht.

Von den gemachten Einträgen besteht der größte Teil aus Nachrichten über erhobene Klagen auf Geldleistungen oder Leistungen anderer Art. Sechzehn Einträge solcher Art enthält z. B. Seite 6 des Gerichtsbuches an dem ersten darin genannten Gerichtstag desjenigen Stadtteils, der den Namen der „Freiheit" führt, ein Namen, der noch gegenwärtig in Cassel fortlebt. Das Gericht wurde als judicium libertatis gehalten „quarta" (scil. feria) post Simonis et Jude, d. h. Sonnabend, am 1. November 1505. Die meisten Einträge umfassen nur eine Zeile in der Form „Item hospes zum swanz beschuldet (oder schuldet, wie es in der Regel heißt) Conrad mebs vor 1 gl primum" (oder secundum oder tertium). Das bedeutet: X erhebt gegen Y Klage auf einen Gulden heute als zum ersten (oder zum zweiten, oder zum dritten) Termine. Dreimaliger Terminsladung zum Gerichtstag mit vierzehntägiger Zwischenpause bedurfte es zur Schuldigsprechung eines Beklagten. Das Gerichtsbuch stellte fest, daß der Beklagte dreimal „beschuldigt" war. Welchen Erfolg bei Nichterscheinen des Beklagten das hatte, erfährt man nicht.

Neben diesen Schuldigungen enthält das Gerichtsbuch auch vollständige Streitverhandlungen der Parteien. Es ist noch eine Seltenheit, daß die Parteien Prozeßschriften einreichen. Was sie oder was ihr „Redener" (d. h. ihr Prozeßvertreter) vorbringt, wird dem Gerichtsschreiber „in die Feder dictirt". Eine aus überreichter Schrift in das Gerichtsbuch übertragene Erklärung findet sich S. 26. Mit einer Verhandlung in Sachen des Weinschenken von Cassel Cuntz Koch gegen Walpurgis, verehelichte Goldschmidt, „etliche Schmäh- und Scheltworte betreffend," beginnt unser Gerichtsbuch (S. 1 bis 4) und setzt sich S. 20 bis 23 dahin fort, daß beide Streitteile auf ihre Bewilligung „in der Güte geschieden und vertragen" werden. Zwei ähnliche durch „Vertrag" erledigte Injuriensachen enthält das Gerichtsbuch S. 5, 59 bis 69 und beweist damit die in solchen Sachen noch fortdauernde Anwendung des deutschen Rechtes.

Der wichtigste unter den im Gerichtsbuch verhandelten Prozessen betrifft die Klage einer Witwe Schadewulf gegen Georg Glesener, einen Sohn aus der ersten Ehe der ersten Frau ihres Ehemannes, auf Herausgabe zweier den Vikarien der Neustadt Kassel von den Eltern Glesener verpfändeter, von Georg Glesener nach Schadewulfs Tode in Besitz genommenen Äcker. Das Nähere dieses Prozesses ist in Band 1 S. 470 bis 473 meiner Schrift über die Entwicklung des gelehrten Richtertums mitgeteilt. Es erhellt daraus, wie in die sonst noch von römischen Elementen freien Verhandlungen der „hochgelerte Dr. Bruhan", damals Notar und Anwalt des Georg Glesener, später doctor decretorum und Canonikus des Casseler Martinsstiftes, den Versuch macht, römische Gesetzesvorschriften zugunsten seines Klienten heranzuziehen. Die Klägerin protestiert dagegen; denn dies Recht zu allegieren sei für einen Streit „unter Laien ohne Not gewesen; es tauge zu der Sache nicht". Das Gericht läßt die zitierten Bestimmungen außer acht und wendet das in Hessen gebräuchliche fränkische Güterrecht zugunsten des Beklagten an (S. 26 bis 36 des Gerichtsbuches). Als Endresultat ist im Gerichtsbuch (S. 36 oben) nachträglich mit kleinerer Schrift eingeschaltet: „Darauf ist erkannt, daß Georg Schadewulf[1]) solich lant als syn veterlich erbe luts der kunde[2]) bilche eingenommen hait." Die Urteile sind mündlich gesprochen. Es blieb den Parteien überlassen, sich eine Beurkundung zu erbitten.

Als Gerichtspersonal wird im Gerichtsbuch mehrfach bezeichnet „Schultheis, Bürgermeister und Rath". Der Schultheiß ist landgräflicher Beamter. Der Bürgermeister wird — so bezeugt der Rat 1530[3]) — „nach altem Brauche" aus etlichen jährlich vor Pfingsten dem Landgrafen anzugebenden Personen vom Landgrafen „auf den Pfingstabend bestätigt".

Die Ratsglieder fungieren als Schöffen. Im Jahre 1506 sind sechs Tage nach Pfingsten zwölf „novi scabini" gewählt (Gerichtsbuch S. 57). Darunter finden sich noch heute in Cassel bekannte Familiennamen. Der Schultheiß von 1506, Georg Nusbicker, gehörte einer (jetzt längst ausgestorbenen) alten Juristenfamilie der Stadt an; ein Notar seines Namens aus dem Jahre 1417 hatte 1414 in Erfurt studiert;

---

[1]) Hier wird der Beklagte nach dem zweiten Ehemann seiner Mutter benannt.

[2]) = Zeugenaussage über die Eheberedung des Ehepaares Schadewulf.

[3]) Stölzel, Gel. Richtertum I, 454.

ein anderer Nusbicker, wohl der 1481 in Erfurt immatrikulierte Johann, handelte 1531 als Parteivertreter der Stadt Cassel beim Hofgericht in Rotweil; sein Sohn war der Schultheiß von 1506. Er wurde bald danach landgräflicher Kammermeister, scheint aber nicht akademisch gebildet gewesen zu sein; wenigstens nennt ihn die Erfurter Matrikel nicht; sein Sohn gleichen Namens, 1511 in Erfurt immatrikuliert, brachte es zum Casseler Vizekanzler und damit zu einem Hauptvertreter des gelehrten Rechtes. Der Bürgermeister des Jahres 1505, Job Schrendeisen[1]), scheint noch keine rechtsgelehrte Bildung gehabt, aber zwei Söhne 1520 nach Erfurt geschickt zu haben[2]). Ähnlich mag es sich mit dem Bürgermeister des Jahres 1506 Henne Merkel[3]) verhalten. Er saß von 1496 bis 1532 im Casseler Rate; der Johannes Merkel aus Cassel[4]), welcher 1493 in Erfurt immatrikuliert ist, wird als Sohn des Bürgermeisters Inhaber des von einem Casseler in der zweiten Hälfte des fünfzehnten Jahrhunderts zu achtjährigem Studium „in der heiligen Schrift, auch etwas in den geistlichen Rechten" gestifteten Erfurter Stipendiums und derjenige „Mayster (= Magister) Merkel" gewesen sein, der laut der Stadtrechnung im Jahre 1506 mit einem Begleiter und drei Pferden „zehn Nacht zu Erfurt in der Sach des Stipendiums" zubrachte. Sein Studium verschaffte ihm 1509 ein Canonikat des Casseler Martinsstiftes und später die Kanzlerwürde in Osnabrück[5]). Noch im neunzehnten Jahrhundert bekleidete ein Merkel lange Zeit eine Richterstelle am Stadtgericht Cassel.

Das schriftliche Verfahren fängt an, in den wichtigeren Sachen sich einzubürgern. Aus der Zeit unmittelbar vor Entstehung des Gerichtsbuchs von 1505-1506, nämlich aus den Jahren 1499 bis 1503, haben sich einige wenige Prozeßschriften erhalten, die dem Stadtgericht Cassel eingereicht sind[6]). Daß damals bereits nebenher ein

---

[1]) Vgl. Stölzel, Bürgerm. und Rat der Stadt C., in der Ztschr. f. hess. Gesch. N. F. V, S. 27.

[2]) Das. Suppl. v. 1875 S. 82.

[3]) Das Gerichtsbuch S. 57 nennt ihn irrig Merker, die Stadtrechnung von 1506 (Stölzel, Kasseler Stadtrechnungen S. 114) richtig Merkel. Die Angabe des Gerichtsbuches ist in meinen Aufsatz der Ztschr. f. hess. Gesch. N. F. V, 28 (1873) übergegangen.

[4]) Nicht aus Cappel, wie mein Verzeichnis der Studierenden aus Hessen (Suppl. der in vor. Note gen. Ztschr. N. F. VII, 31, 78) sagt.

[5]) s. Stadtrechnungen S. 126. Was ward aus dem Stipendium?

[6]) Besprochen in Stölzel, Gelehrtes Richtertum I, 464 ff.

Gerichtsbuch bestand, davon finden sich keine Spuren, wohl aber läßt sich aus verschiedenen Einträgen im Gerichtsbuch von 1505-1506 vermuten, daß mindestens unmittelbar vor diesen Einträgen analoge Niederschriften gerichtlicher Verhandlungen bereits beim Stadtgericht Cassel stattfanden; denn wenn wir schon S. 6 des Gerichtsbuches lesen: „Item H. B. schuldet W. W. secundum u t s u p r a", und wenn wir dieses „ut supra" fernerweit wiederkehren sehen, so kann das doch wohl nur auf eine frühere Niederschrift verweisen wollen. Derjenige aber, der auf das Titelblatt die Aufschrift setzte, kannte weder ein vorhergegangenes, noch ein später gefolgtes Gerichtsbuch; sonst würde er der von ihm gewählten Aufschrift entweder die Jahre, die es umfaßt, oder eine Bezeichnung hinzugefügt haben, welche diesem Gerichtsbuch eine Nummer gab. Von den Casseler Stadtrechnungen bezeichnet sich die von 1468, die übrigens ebenfalls aus ursprünglich getrennten Heften besteht, ausdrücklich in ihrem Eingang als „p r i m u m registrum"[1]). Nachrichten darüber, daß noch fernere Gerichtsbücher Cassels je vorhanden gewesen seien, liegen nicht vor. Die Schlußseite des erhaltenen Gerichtsbuches ist vom Alter so sehr gedunkelt, daß die Annahme ausgeschlossen ist, das Gerichtsbuch habe in alter Zeit noch weitere Blätter und Einträge gehabt. Beschlüsse oder Urteile der Schöffen sind mehrfach unmittelbar zwischen den eingetragenen Parteierklärungen oder in sichtlich später gemachten Nachträgen oder Einschiebseln wahrzunehmen[2]). Der landgräflichen Kanzlei, auf welche der Schultheiß eine Partei geladen hat, geschieht nur einmal (S. 63) Erwähnung, ebenso nur einmal einer „Appellation", die „in scriptis vorzutragen" (S. 67 . 69). Soviel ergibt aber immerhin das Gerichtsbuch, daß zu seiner Zeit die Erledigung der Rechtsstreite unzweifelhaft häufiger vergleichsweise oder durch außergerichtliche Leistung, und wenn es zu durchgeführtem Verfahren kam, jedenfalls rascher und billiger erfolgte als heutzutage. Weder ermöglichten es die Gesetze, noch brachte es die Streitlust der Parteien zuwege, daß, wie wir jetzt erleben, um 16 Pfennig beizutreiben, zwei Instanzen angerufen werden und das Zwölffache des Streitobjektes als Kostenbetrag erwächst. Auch mußten einst

---

[1]) S. das oben S. 1 zitierte Supplement S. VI und S. 1.
[2]) Vgl. S. 16, 23, 34, 36, 43, 64, 66, 70, 71, 75, 76 des Gerichtsbuchs.

einer Summe von 40 Pf. halber nicht feinste Rechtsfragen mit weit erheblicherem Kostenbetrag und großer Gelehrsamkeit erörtert oder einer Summe von 30 M. halber fünf Instanzen (Amtsgericht, Landgericht, Kreisausschuß, Regierung und Kompetenzgerichtshof) zwölf Jahre hindurch die Frage zu prüfen angehalten werden, welche Instanz zur Entscheidung über die Zahlpflicht zuständig sei, damit endlich vielleicht im dreizehnten oder vierzehnten Jahre der Spruch ergehen könne, ob der Beklagte die 30 M. zu zahlen oder nicht zu zahlen habe[1]).

Sollten darum am Ende doch nicht die Gerichtsinsassen des sechzehnten Jahrhunderts sich mit Fug wohler unter ihrer Rechtspflege befunden haben als wir jetzt unter der unsrigen? Auch wissen unsre heutigen Erkenntnisse nichts mehr von der Kraft und fast poetischen Schönheit altdeutscher Urteilssprache, nach der z. B. ein mit Unrecht Bescholtener der ihm anhaftenden Beschimpfung „entschlagen und wiederum in sein Landrecht eingesetzt wird, so daß er nach den Scheltworten so fromm ist, als er vorher gewesen, und wiederum gehen mag zu Ruhme und Rate, zu Kirchen und Klausen und zu allen Ehren."

[1]) Vgl. Stölzel, Entwicklung der gelehrten Rechtsprechung II, 800 ff.

Item[1]) diwil nu der schultheiß als ein richter mir vor die Fraw 1
walburgis zo reden erlaubt hait behalt Ich mir friheit gnad und recht Die einem Jeglichten reddener In Recht geburt vnd darmit mit solchir protestation gnuglich angedingt haben vfdas die Fraw dem richter vnd dem erbaren Rathe vff gethane clage antwort geben moge bit sie dieselbige zolesen diwil sie solichs nicht nehir gehort hat

Nach verlesung solicher scharffen clage die der Frawen einer magh Ire glimpff vnd ere betreffen wollen stelt sie zum rechten ob sie sich nicht moge zo Irer exception vnd antwort gotlichs vnd keserlichs rechten gebruchen vnd bittet was recht ist Zoerkennen.

Ir echt vnd ehelich man hait hie gestanden vnd hait begert das er nicht horen des anclage des schenken wie er dan gehort hait vnd begert Zceit vnd Raith das er das an sine fraw mocht bringen das mir gemeint sein neyn Er habe sich horen lasse er stehe an statt seiner frawen und gebeten hait noch lut der clage sich rodes Zonemen dasselbe gegenteil gewiddert sein So hab der richter und Raith gebeten vnd erkannt beide partien zu gude vff einen tag hie Zosein erkannt Das wir dan gebeten han den weinschenken die sach zo gude zohalten

[1]) Item für sich allein genommen beweist im 16. Jahrh. noch nicht, daß das Folgende eine Fortsetzung von etwas Vorausgegangenem ist. Gesetze, wie z. B. die Carolina von 1532, beginnen mit Item. Beginnt ja doch auch in diesem Gerichtsbuche, wie in anderen Gerichtsbüchern, z. B. in dem Hanauer des J. 1471 (s. Festgabe der Berliner Jur. Fac. für O. Gierke 1910, S. 310 ff.) jeder Gerichtstag mit Item.

---

zum nechisten gerichtstage vnd also verloffe ist das nymens solde sein 2
da man ymants wolde eynichs rechten weigerung thun also verlaissen

zo dissem tage der schenck nachfolge seiner clage zuthun vnd stehit nu vnd clagt wie vor und begert rechts daruber gnuglich seiner ere Zuorantworten vnd stelt das zoerkennen Ob aber die fraw wolt des rechten vfschub nemen das hie echte eliche man gestanden hait

Item anzufechten vnd Zorucke Zofuren die vnbegrunte antwort vff vnser gethane anstellung zum rechten In welcher siner vnbegrunten langen redde vil vnfugliche vergeben worte geflissen vnd an tag bracht hait vnd sonderlich In dem Articel das der man gestanden hab In stait der Frawen begern wir von yme zohoren mit vernemlichen lautern worten wen er mit solicher clage gemeint vnd lauterlich an tag geredt wil haben Das er aber wult mit solichen leren vnfruchtbaren worten uns von vnser anstellung dringen wult sie er nicht beglaubt

---

3 Item vf den andern punct In seiner vngeburlichen redde da er sich horen leßt das der widderteil nach solicher Injurien und snotheit[1]) als sie anzyhen den richter sollen ersucht haben mit demutiglicher bith solicher worte zu gut halten vnd tragen biß zom nechisten gericht dorzu redt die fraw also es sult sich woil geboren wan man eyn dinck pinlich anclagen wil sonderlich umb Injurien oder snotheit[1]) Das dasselbe gescheen solt sein aber is vffentlich bewuste vnd am tage das sidder zwey oder dry gerichte vergangen sein Ist es dann gescheen vor dem schultheiß ist yme bewust Die Fraw sagt auch vffentlich das ein stattknecht bey ir gewest sey er hab abir noch dem man gefragt vnd sie nichts bescheiden dann er hab gesprochen wo Ir man sey daruff hait die gutige fromme fraw gesagt wais sol dir myn man Du hait er gsprochen Der man sol sich verantworten von des wins wegen Ob er darmit den man odir sie midde gemeint wil haben Sagt Die fraw noch wie vor Ir solle bilche vnd In recht so die klage sie betreff gotlich vnd keiserlich recht zogelassen werden vnd solle mit den leren und ytelen worten von Iren angestalten rechte nicht gedrungen werden

[1]) = Schnödheit.

---

4 Der Richter hait den partien zogelassen keiserlich gotlich vnd erlich recht und wois zo Cassel gewonlich ist vnd landleufftig Ist[1])

[1]) Fortsetzung s. S. 20—23 des Gerichtsbuches.

---

Bey der Erbaren statt Cassel verflissen Termyns von Ir gehort oder gesehen habe[1]) Das sie einicher bosen thait dibstals oder anders rechtlich besagt sey diwil nu als dorch den Anwalt Hermann Nolke In kortzuerschenen tagen vor dem erbaren Rath zo Cassel smehe worte an sie geludt vnd gegangen sin Die Ir dan ere vnd glimpff betreffen erschynet sy hie entgegen vnd Ist orpettig solicher worte sich noittorfftiglich zuentleddigen Nach gewonheit des lants zo Hessen vnd der stait Cassel mit bitmodiger bit den richter vnd den Raith ir solichs Zuweisen vnd stellet das zom rechten 5

Antwort Herman Nolken

Das gantz Handwerk der Weißgerber hait vffentlich gesagt sie wissen von Conroit Klumpels anders nicht dan von einem frommen man sie wollen allesampt thun wais ym lib ist und ist yme vnschedlich an sinen eren vnd soll aller vnwille gutlich hingelegt vnd vertragen sein vnd Ist damit In alle ere und wurde gesatzt dorIne er vormals gewest ist vnd yne auch vor ein gildebruder halten[2]).

**Conroit kumppels**

Die grumpelschen schuldet Adam Herßfeld vmb 6 acker wizzen vnd lant am Lindenberge Item vmb 1 stuck lants am Grasewege veterlichs guts von wegen Irer Kinder Item vmb 14 gl. schult als Ir Hußwirt an seinem letzsten ende bekent hait Item vor 6 gl. Hußzins In tiln holtzs

[1]) Der Anfang dieses Prozesses fehlt. Mit dieser Fortsetzung beginnt eine separat geheftet gewesene Lage von 9 Bogen, um die später 3 weitere Bogen geheftet sind. Deren 1. Bl. bildet jetzt das Titelbl. des Ganzen; Bl. 2 und 3 enthalten die oben mitgeteilten Seiten. Die drei letzten Blätter der Lage enthalten, was S. 39—45 folgt.

[2]) Am Rand steht „vertracht", d. h. gütlich erledigt.

---

bericht ist als von 18 gl. vor Iren teil Idem ymb 3 metzen lyns 4 zaspiln garns vnd 4 bh primum[1]) 6

**Item Juditium libertatis quarta post Simonis et Jude[2])**

Item hospes zum swanz beschuldet Conrait mebs vor 1 gl. 8 albus primum[3])

[1]) Siehe unten S. 14, 36, 37, 38.

[2]) = Gericht der Freiheit am Sonnabend, dem 1. Nov. 1505.

[3]) Beschuldet oder schuldet = verklagt. In einem Baseler Gerichtsbuch aus der Zeit von 1470 ist die im Casseler Gerichtsbuch sich nicht findende Eintragsform gebräuchlich: Item A. S. confitetur IX Sch. (Ztschr. f. RGesch. Bd. 6 S. 144 ff. 1867). Vergleichsweise dürfte auch das Hanauer Gerichtsbuch von 1471—72 heranzuziehen sein, von welchem ein Stück in der Festgabe der Berliner Juristenfakultät für Otto Gierke 1910 Bd. 2 S. 310 ff. abgedruckt ist.

Item hen dener schuldet Cuntz schuwirt vor 1 gl. primum
Idem hospes schuldet Cuntz kulen vor 11 albus primum
Item Johan Corbach schuldet Cuntz hartman vor 1 gl. primum
Idem schuldet hans Gregen vor 18 albus primum
Idem schuldet ytel volgman vor 3 pfunt vngeuerlich primum
Item herman lutzen schuldet henrich vochen secundum ut supra[4])
Item Die gilsemen schuldet hen Iren sohin vmb 9 wochen verdint lohins
Item hans banse schuldet wilhelm twerman secundum ut supra
Item henrich mohen schuldet Conroid pfluge vor 1 gulden den er schultig Ist primum
Item henne Resch schuldet die Eychenenschen vor 4 lb vor 1 swyn primum
Item henne Agnese schuldet Tilen schuwirten secundum ut supra
Idem schuldet Griffelmansfrauw secundum
Idem schuldet Joist Eschweg vor 23 albus ad computationem[5]) primum
Idem schuldet hans bygen vor 4 gl. primum
Idem schuldet henrich Nugenhayn vor rechenschafft primum

[4]) Hier und ferner wird auf früheres Schulden verwiesen; mithin gab es eine ältere gerichtliche Niederschrift.
[5]) s. zweitnächste Zeile: „vor Rechenschaft".

---

7 Item Henne tucherers Anclage vff Irrung eyns winkels[1]) Cuntz Kersten erklagt sich wie das Im sein wasser vnd gang der vor lange gegangen hait Genchen tuchscherers zugestoppt hait das dan ein erbar Rath hiebevor Besichtung vnd auch widderumb vfzuthun bevolen vnd erlaubt haben vnd hofft hennen dahyn Zuweisen solichs gehen Zulassen

Item Zuexcepyren vnd anzufechten[2]) die vnbegrunte clage von widderteil gescheen der hen tuchscherer (sic!) nit gestehet vnd dorzu luter neyn sagt vnd doruff dem schultheiß an stait meyns gnedigen herrn vnd den Erbarn Rode weyter bericht furZutragen sagt er also. Wie das er eyn huß gekaufft vnd bezalt hatt Inhalts Brif vnd Sigel daruber gegeben an welchem huße ein schener gart grun nit große

[1]) Klage i. S. Kersten w. Tuchscherer, nachbarl. Irrung betr.
[2]) Klagebeantwortung.

gewest ist vor einem huße ringe umbher biß an das ander abir von seinem nachburn Cuntz Kersten wirt yme mitselbgewalt sonder laube des richters oder der vbirkeit ein winkel gemacht vnd die erde vß- gegraben vnd hinweg geschoben vnd also yme das wasser dardoch gewißt wilchs ym Zu schaden sins guts dynet vnd sonderlich In der gestalt das es yme verderbt hat eyn trebirkule dovor er liber 5 gl. enperen wulde vnd Ist dahyn gedrungen wyter schaden Zuuerworen hait eyner mussen eyn vfworff odir hee machen dardoch das wasser

dahin zu laufen Diwil nun Cuntz Kersten der gegenteil nicht anzceigen 8
kan das by myns g. herrn schultheiß das erloubet oder geheissen vnd solichs sonder laube gethan hofft er zu Got dem rechten das widder abezutun vnd solichen schaden Zugelten vmb die gwalt zu uben stelt er an die vberkeit

Cuntz Kersten bit die gebrechen zobesichtigen vnd das zubehalten wie von alters her gescheen

Die party gibt der vnformlichen antwort kene macht dan sie wirdt abiren oder gslantt(?)vnd nicht in die fedder geredt vnd sagt nach wie vor Diwil aber Cuntz Kersten solichs sonder laube des schultheißen getan hait so solle ers bilche abethun wo es yme aber zogelassen vnd erlaubt wer des er doch nicht glauben will, so behelt er dagegen seine redde vnd bit sine nottorfft auch zohoren[1])

Item Cuntz Range schuldet Schmidten vor 12 albus primum

Item Henne fyme schuldet henrich rucken secundum ut supra

Idem schuldet Eilen guchen vor 5 alb garten Zins tertium

[1]) Fortsetzung s. S. 57, wo der Streit verglichen wird.

Item Antwort eile guchen fyme habe ir zogesagt den zozomachen 9
vnd das nit gethan vnd hofft er sy nicht schultig vnd grundt sich des vff seinen eigen munt

Item Walden schuldet Henrich bygen vor 1 gl. ad computationem

Idem schuldet Jacob golscht secundum ut supra

Item Henrich Range schuldet Cuntz Rangen secundum ut supra

Item die scheltworte als Cuntz Refort widder Nuthansen im winkeller sol gethan haben Ist er nit gestendig vnd weis von hansen anders nicht dan von eyn frommen knecht

**Affterruge[1]) noue et antique civitatum tertia post omnium sanctorum[2])**

Item karolus steindecker hait einen da fornne in der gassen gehawen das ist also In geruchtweise angelangt Es sein abir keine borger dabey geweist das sie bescheit muchten geben wie die sach zogegangen wer

Item in der Aldenstatt Ist nichts gerugt.

**Juditium ibidem ut supra**

Item Hentz falsch schuldet seinen sohn vmb einen verdracht, sonderlich vmb 5 gl. vnd darzo wais hen des seinen noch hinter yme hait beiseins frommer lude primum

2. vmb einen werdt, den er yme auch vorhelt vnd lam legt

[1]) Afterdinge, judicia posteriora, die den ordentlichen Gerichten zur Entscheidung unerledigter Sachen nachfolgen, meist noch an demselben oder am folgenden Tage. Grimm, Rechtsaltertümer, 3. Aufl. Bd. 2, 466.

[2]) Dienstag, d. 4. Nov. 1505.

---

10 Item Nestey[1]) beschuldet henrich portemer vor 1 gl. hußzins secundum

Item Idem Nestey schuldet Cuntz Gotzen vor 4 albus primum

Item herman Rudewig schuldet hans heisen vor 16 albus primum

Item henrich noegbor schuldet Baltasar swinbraten secundum

Idem schuldet Conrait Kymmen secundum ut supra

Item Martin Meile schuldet Herman Crunaugen vor 2 gl primum

Item Pawel pfeffirsack schuldet hen roden vor 6 gulden von wegen eins hußes primo

Item Hentz Ose beclagt sich wie das er in vergangener Zceit der fraw als vor dem heiligen Krutz sitzet zcuvercauffen getan hait einen rock solchen rock ist verloren vnd von der hant kommen Er hait auch in guter Zceit vnd wile nit mogen gewissen wo sein rock hin kommen sey dan von angeschicht ist er das marckt heran gegangen vnd also sinen rock an Hentz Tomas funden. Als nu hentz tomas Osen sichtig worden ist er mit widen schridden zu huse geriden also Ist solich rock verswunden vnd eyn anderer an Hentz tomas Libe geweist Du hait hentz Ose getan als einer der sinem verloren gude

[1]) Vgl. S. 25.

nachgefolgt hait vnd also In hentzen huß gegangen vnd gesprochen hentz wo ist der rock den du itzo anegehabt haist antwort hentz ich hab einen rock der ist myn daruff hait Ose antwort du ich den rock zoletzst gesehen habe do ist er myn geweist Ich wil yne widder haben Du hait hentz tomas gesagt Es sey gut gericht vnd recht Mege er yne nicht sonder ansage glassen so solt er yne mit gericht vernemen

---

Diwil nu solicher tunckel handel des rockshalber von hentz tomas 11
vorgenommen wirdt stellet hentz Ose zum rechten Er solle yme bilche In dissen gericht vnd Instantien antwort gebin vnd stelt das Zoerkennen

Item Wilhelm beclagt hen roden das er yme schultig ist 18 albus die er yme von solde abuerdient hait in großer ferlichkeit seines libs vnd lebens Diwil er nun sawer verdient lohin ist vnd er seinen lib darumb gewogt hait hofft er solle yne bey schiner sonner[1] ( ?) vßrichten vnd bezcalen vnd stelt das zo erkennen

Item Ciriacus Johen schuldet hans guntern secundum ut supra

Item hentz Corns schuldet Gabriel rose vor 12 albus primum

Item Seddich schuldet henckel foil secundum ut supra

Antwort Henckel vnd hofft hen Eichman solle yne schadelois halten Nachdem er In solichen Kauff getreten ist

Item herman Lutz schuldet herman swartzen secundum ut supra

Item Conrait ditmor schuldet hentzen herßfeld wie das er yme hoit enen briff zu seinen handen gethon In true vnd In glauben das er yme den so glaublich widder stelle vnd hofft bilche primum

Item henne gilseman schuldet sein stiffmutter vor 21 albus die sie von yme ufgnommen hait vnd nicht vordinet primum

[1]) = scheinender Sonne? Vgl. S. 27: schynem Tag.

---

Antwort hentz tomas vff Osen clage wie das er hab gekaufft 12
einen rock von einem der zo yme kommen ist In sein huß, Hentze Ose auch vilichte kommen sey vnd solichen rock angesprochen zu der Zceit sein sie kommen bey den borgermeister Job[1]) vnd haben also vertracht das er Osen sinen rock solt widderumb gebin kendestu

[1]) Über ihn s. oben S. 6 der Einleitung.

abir den ankennen der dir solichen rock verkaufft hette so wult Ich auch darIne thun wais mir von amptswegen als vor eyn borgemeister geboren wult das ist hentz thomas alle Zceit vrpettig gewest Osen seinen rock widder zogeben vnd hofft yme nichts wyter schultig zosein vnd stelt das zoerkennen

Inredde hentz Osen vff die tunckel vnformlich vnbegrunte antwort hentzen Thomas wilcher sich in seiner antwort vffentlich am tag horen leßt wie das einer kommen sey vnd yme solichen rock verkaufft Des glaubt hentz ose nicht Er bringe soliches dan bey zo rechten genugsam Dan er sichst dafor an das er solichen rock gekaufft vnd nit bezcalt hait, vff den zweiten artickel des hentz Ose mitsampt Hentz Thomas vor dem borgermeister kommen sey pp das gehit Osen nichts an Vff den dritten artickel das Thomas Hentz Osen angebotten habe den rock widder zogeben sagt er neyn zu vnd stelt zomrechten solle yme solichen rock bilche mit borem gelde bezcalen wie

13 er den gekaufft hait vnd yme des seinen mogelichen schaden gelten das er das solange enperen hait wo er abir den kauffer nit bringen kan als er sich horet leßt das gibt er dem schultheissen zoerkennen vnd stellet das mit obgemelten puncten zom rechten

Hentz thomas bit Nach wie vor wie es der borgermeister zuschen yne gemacht hait dis ist er vrpettig vnd hofft bilche

Antwort[1]) henne falsch nach lut einer verdracht des sich dan henne nicht enthalde vnd gesthee dorane vngutlichen dan es haben fromme lude zuschen dem vater vnd yme geredt das sich hen gegrundt hait In fruntschafft vnd grunt sich des auch Im rechten vff die frommen lude nemlich Er Ditmor heller, ditmor lappe Gerhart schilten vnd Herman reuters wes yne die frommen lude bescheiden das er dem vater pflichtig sey vnd begert die darumb zuuerhoren

Item Vff die cleyter kue vnd alle gifft damit leßt henne falsch seine Tochter gewerden vnd gehit yne nichts an Sie habe yne lange Zceit gedinet In versehunge sie hab solichs an Irem lohne empfangen Hentz falsch but seine sach auch an fromme lude die von seiner wegen auch dobey geweist sein

[1]) Vgl. S. 9 a. E.

Item die grumpelischen schuldet Adam herßfelden secundum ut supra[1]) 14

Adulff (sic!) herßfeld gestehet solcher klage nicht zu preter 6 gl wil (?) soluere

Item Clawes Kutel schuldet Clawes seltzern vor $3^{1}/_{2}$ lb. vnd 1 fertel korns vordinet lohin

Antwort seltzer die sach sey ans hantwerck geschobben Et debent audire inter se

Adam schrendeisen schuldet hen Zucken den Jungen vor 1 gl. den er yme Im hor gethan hait primum

Idem vmb auch 6 albus von sintwegen vfgenommen

Item umb einen rock geliehen primum

Item Conrat Nolten schuldet Claws Nestey vmb 1 hoff der yme verbotten ist dorch myns, g, hern knechte vnd bittet den liggen zoloissen primum

Item Joannes harnasch schuldet hans kortensack vor ½ gl primo

Idem schuldet seine stiffmutter secundum ut supra

Item Hene Crunouge schuldet bechten Crunougen vor 20 gl capitel vmb 13 Jor Zins retardata

Item vmb 1 Lybzucht die Ir nicht gehalten ist Doruß sie gedrengt ist Item vor 5 gl. uß der mutscharunge empfangen

Afterruge[2]) libertatis quinta post omnium sanctorum.

Item vor der henckery ist ein handel gewist ut constat

**Juditium ibidem eodem die ut supra**

[1]) Siehe S. 5. Das hier auf S. 14 mitgeteilte Zugeständnis bildet die erste Zeile von S. 15, ein vorgesetztes Zeichen deutet aber an, daß die Zeile auf S. 14 als zweite Zeile gehört.

[2]) S. Note zu S. 9. Die Afterruge fand statt am Donnerstag, den 6. Nov. 1505.

Item Clawes koch schuldet hans vochs vor 2 lb primum 15

Item henne agnese schuldet quartus (?) eidem secundum ut supra

Item henne hofeman schuldet henrich vachen secundum

Idem schuldet henne Guegen secundum

Item Adolff herßfeld schuldet Claws gilseman secundum

Item Meysnitz schuldet volgman vor 17 albus primum

Item pawel moller schuldet hennen breden vor 10 lb primum

Item Clawes Coch schuldet idem hennen vor 11 schilling primum

Item Doner von wulffßanger schuldet Cuntzen schuwirten secundum

Item henne hernick schuldet henrich runcken vor 19 al primo

Item Cuntz range schuldet Cuntz schuwirte secundum ut supra

Item hentz Thomas schuldet Nettilgansen vor 4 lb ad computationem primo

Idem schuldet die Zuchterlings frauwen

Idem schuldet hennen Fabern vor 14 albus primum

Item Henrich brod schuldet die spittalermeister primum

Item hans wilkynns vnd sein geswister schuldet die sustern vmb nachglassen guter Irer muter primum

Item henrich moeg schuldet volgman vor 1 gl primum

Item Jacob begert noch vmb seinen verdinten lohin tertium

Item antwort der sustern die muter hab yne Zogesagt beisein Irer Kinder vnd andrer frommer lude alle Ir gut zosampt 8 gl nach irem tode bey yne Zulassen

---

16 Item die Fondyn schuldet Jacob breden vor 2 gl ad computationem primo

Item henrich wingarte schuldet homuden ut supra

Item hans wyman schuldet Ties biegen secundum ut supra

Die sustern sollen ire anclage beweisen[1]) dem rechte genugsam luts Irer schulde[2]) Sin autem non alsdann soll furter gescheen wais recht ist

Item Joist Schacht schuldet Pawel herman vor 20 al primum

Idem schuldet herman frebels vor 1 postulaczs gulden vnd $9^1/_2$ bh primum

Item Joanes Corbach schuldet Cregen secundum ut supra

Idem schuldet volgmann secundum

Idem schuldet Cuntzen hartmann secundum ut supra primum

Item Joist trumper schuldet elisabeth rinlender vor 14 al

Item Cuntz am ende schuldet Martin Nedel vor 19 gl. 10 albus berechtsgelde beisein frommer lude Item vmb 1 gebruch den er yne auch verlegt vnd vfgezcoggen hait primum

---

1) Am Rand steht „Re“ (= resolutio).

2) Die drei letzten Worte sind gestrichen, und „antworte“ ist darüber geschrieben.

Item hans wilkyn burgermeister vnd raith vor 10 albus vnd ist hans Luckeneigers

Item Anna cloren als vormunderin Irer kinder schuldet Martin Torlon secundum ut supra

---

Item herman frebel verclagt sich wie das er In vergangener Zeit 17
gesessen In Jocob golscht huß gesessen hab vnd sey aldo Jammerlich sonder schult von Michael widdekint gslagen vnd verwont vnd solichs slagen halber lam worden Diwil er nu so Jamerlich sonder schult vmb sine gesont kommen ist vnd auch grossen smertzen vnd wetage erlitten stelt er zum rechten ob er nit sult solichs kor vnd wandel thun vnd auch gelten den verseumniß den er in der sach zosampt dem artzlohin gelitten vnd verdult hat primum

Item Henrich Range von velmor schuldet Cuntzen rangen zu Cassel vmb etlich wissen vnd lant bey yme funde das sin veterlich vnd muterlich erbe sey luts eins Instruments das ym nach toitlichem abgange siner muter ziggen rangen verschriben ist vnd hofft das Zu sinen handen zostellen vnd legt das damit bey vnd bit die zolesen

Item ehir Cuntz range antwort gibt vf die anclage[1]) stelt er an ein orteil vnd sagt also wie das er von Henrich Rangen an sinem ruwelichen beseß jemmerlich betrubt vnd also spolyrt sey do er dan myns gnedigen hern richter hoit mussen vmbsuchen yme das widder zorestituiren vnd Inzosetzen wann yme nun solich schade abgelegt vnd gegulten ist alsdan behalt er vor sine noittorfft Zum rechten

[1]) Am Rande der Zeile steht: Rangen sach.

---

Item antwortt Cuntz Range wie das yne verwundert solicher vn- 18
begrunten schulde die henrich Range sin stiffbruder an yne setzt dan er hab solich lant vnd wizzen obir die 30 jor darzu jor vnd tag bey gutem gericht vnd zceit sonder eynichs menschen rechtlich ansage inegehabt vnd gestehet yme oder nymans an solichem lande odir wizzen nichts zue vnd hofft vnd getrawet zo got vnd zum rechten er solle yme mit solichem instrument sinen langen ruelichen Besitz nicht swechen odir krencken vnd stelt das zo recht zoerkennen vff das der richter zosampt dem erbarn rathe wyter berichtung vnd grunt der sach erlernen mogen so bit Cuntz Range dorumb grefen wilkyn

Calperner zo felmorn vnd henckel smedt zuverhoren vnd dan wyter gescheen lassen wais recht Ist. Diß ist Henrich Rangen inredde wie sich Cuntz Range horen leßt vnd grundet vf enen beseß vnd des sich horen leßt kuntschafft darumb zu uerhoren wil henrich Range yme furbehalten haben nach noittorfft des rechten zuwidderfechten vnd sagt so vile wyter vnd helt yme Cuntzen range beseß an seinem erbfal vnschiddelichen dan er habe nicht ehir zu erbfalle zogriffen gehabt dan nach toitlichem abgange seiner mutter die dan die lybzucht bilche hatte noch

---

19 lands gewonheit, wilch mutter ungeuerlich vor 1 jor verstorben vnd solich briff vnd schein in seinen kinttagen biß an dissen tag sein mutter verstorben, vnd ob daruber Cuntz Range sollche wizzen vnd lenderey bey sich broicht hette In henrichs vnmündigen Zcyten oder ehir dem erbfalle das wil yme henrich vnscheddelich behalten han So nuh solich lenderey by Cuntzen rangen findt luts eins yffen Instruments so solle yme solich beseß do sich dan Cuntz yff grundt Sinen erbfall nicht benemen Dan wie vorgereddt vnd angezceigt hait sine vnmundige Zceit vnd erbfal hofft er noch er habs bilche zufordern.

Nachredde Cuntz Rangen vff die vnbegrunte vnformlich lange Inredde sagt Cuntz Range nach wie vor das er mit der redde yme sinen langen beseß nicht brechen sol vnd stellet das zo recht

Item als er nicht widderficht den beseß vnd sweigend zuleßt wil er angenommen haben

Item als er sich wyter horen leßt das er In sinen vnmundigen Joren vnd kinttagen nicht gewußt dabey ist abzonemen das solicher person nicht alter ist dan die jor der beschidenheit vnd besleußt nach wie vor das die obgezceigten dry[1]) der richter vnd raith des hanels woil bescheiden werden.

[1]) scil. Zeugen.

---

20 Sloßredde Henrich Rangen repetirt sine schulde vnd Inredde sein erbfall solle yme damit nicht aberkant werden er bringe dan besser recht vor dan noch gescheen vnd gehort Ist.

Item Ludewig koch schuldet die Nisen vor 9½ lb. primum

Idem Henrichen honnets pro computatione secundum ut supra

**Juditium vff der Aldenstaidt secunda post quatuor Coronatorum**[1])

Antwort Fraw Walpurgis[2]) vff die gethane anclage des winschenken Zo Cassel vnd sagt also wie das sie In vergangener Zceit Ir maget vßgeschickt eyn halbe wins Ins roiths keller zoholen Da die maget widderkommen vnd solichen win gebroicht hait du ist es nicht vol moiß[3]) sondern wen gewesen Du hat die fraw zu der magt gesaget sichstu es diß moiß ist nit vol sonder gang hin vnd bringe vol moiß nicht das sie das In vngut odir arg vff den schenken gesagt solt haben Inmassen als sin schulde[4]) meldt Dan sie hat sich laissen dunken Ir magt mocht solichs getrunken oder verschottet haben. Auch also das meitlein widderumb hynweg getribben

[1]) Montag, d. 10. Nov. 1505.
[2]) Einrede und Widerklage zu S. 1—4.
[3]) = Maß.
[4]) = Klage.

Dornoch ist das Meitlein widderkommen vnd den wein broicht 21
wie vor Dornach hat die frawe abermals noch eins vnd ye mehir gemeint das meitlein habe solichen win getruncken odir verschuttet Ist es auch du Im keller geweist do hait sie kein gewissen von vnd zum Zweiten also widder hynweg gegangen Auch eyn eben willyn also vsseblibben. Du ist die fraw selbst yme nachgegangen vnd wollen sehin wo Ire magt blibben Ist vnd ist also vor den winkeller kommen vnd Ir magt derInne fundin stehin vnd gesagt Meitlyn wiltu nit widderumb heym gehin Du hait des schenken fraw angehoben Liebe fraw mit wais gestalt schickt Ir vns den win widder Du hait die fraw Walpurgis gesagt vnd also In Keller gegangen Liebe fraw sehet der win ist nit vol Ich hab auch wollen sehen ob myn magt solichen win getruncken oder vergossen hette Alsbald ist der schenk zom zorn vnd Nidt bewegt wurden vnd widder fraw walpur gsprochen Du alter sack. das dich sanct valntins pfloge[1]) angehe Auch ein fust vber sie gezocht wilches schelden vnd solichs obirlauffens sie vff die Zceit als wol abzunemen ist eyn frawlich person eyn frawlichen schrecken empfangen do sie nicht 20 gl vor nemen wult den noch eyn mal Zulyden hait abir das

[1]) Valentinsplage = Veitstanz.

22 Meitlein mit dem schencken wyter wort gehabt Die sie es nicht geheissen hait das gehit der frawen nicht zuschaffen vnd ist auch In dem fal antwort Zogeben vor Ire maget nicht pflichtig

Item Diwil nun soliche worte wie der schencke die fraw eyn alten sack geschulten vnd Ir eyn bosen fluch wie obig gegeben hait auch ander freulich schrecken die nit lautbar Zomachen sein stellet die fraw Ins recht wie sie sich solichs worts das sie kein alter sack Ist vnd auch nymmermehr keiner werden wil entleddigen solle vnd darmit Ire frawlichen ere verantworten Nach gewonheit des landes Zo Hessen vnd der stait Cassel vnd stellet das zo recht

Item vnnd auch wie der schenck anzucht In siner Klage yne zu Smoch vnd Injuria (?) gescheen solt sein Vnd dodorch den win widder geschickt do sagt die fraw luter neyn zu Sie wisse auch nit anders von yme dan von eynem frommen gesellen vnd setzt das mit obin angezceigtem artickel zu recht.

---

23 Item Darbeneben hait genannte Walpurgls vffentlich gesagt vor richter vnnd rade sie hab solich worte gegen Cuntzen nit gehabt oder luden laissen als Ir got helff vnd die heiligen

In der sach zwischen Cuntzen koch der von Cassel weinschenken an einem, Walpurgis goltsmits am anderntteile umb ansag etlicher Smehe vnd scheltworte betr. Diwil die gedachte walpurgis nit gestehit das sie soliche worte des vnrechten moißs halber gegen Cuntzen zo Smehe odir nochteil wil geredt odir gemeint haben luts Irer schrifftlichen antwort vnd darbeneben vffentlich gesagt Sie wisse von nicht[1]) anders den von eyn frommen gesellen Dargegen auch gemelten Cuntz sich hait horen laissen Er hab walpurgis auch nicht gesmecht odir geschulden So erkennen wir dar Inne In der gute vff ir beiderteil verwilligunge das soliche handelunge yne von allen teilen vnschedlich vnd vnbesmuzt an iren eren sin sollen damit dann beide party in der gute also gescheiden vnd vertragen sein sollen vnd bliben Datum ut supra

---

[1]) Hier steht am Rande „Cuntzen" zur Andeutung, daß es sich in Cuntzes Sache um deren Erledigung (durch einen bewilligten Schiedsspruch handelt).

Henne Crunauge schuldet sein swester secundum ut supra 24

Item Conroit Ditmor schuldet hentzen herßfeld secundum

Item Auwel hudenmecher schuldet Michael preuten vor 2 gl. 1 ort secundum ut supra

Item henrich moeg ber (bürger?) schuldet Baltasars swinbraten vor 16 albus tertium.

Item Clobs Gukel schuldet Claws seltzer vor 3½ lb vnnd 1 fertel korns et Judicia[1]) tertium

Item Claws Nestey schuldet henrich Portemer vor 1 gl. tertium

Antwort henrich vnd gestehit ym der schulde nicht zu den er hab mit seinem vater Zutun

Item hentz Tomas schuldet gabrielis rosa secundum

Item henrichen steins schuldet idem gabriel primum

Item henrich kangisser Claws seltzern vor 3 wogen ysens tertio et Judicia, Luitus[2]) tertio

Item Job Weiners schuldet Lotz lancken

Item Adam schrendeisen schuldet hen Zucken secundum ut supra.

**Juditium vff der Aldenstatt vff Montag sanct Catherinen abint[3])**

Item Henz Ziegeler schuldet herman kucken vor 25 albus tertium

Item hen pflucke schuldet Johans placzen vor 13½ albus primum herman facere computationem et debet facere vt supra

1) = Gerichtskosten?
2) = bezahlt (von luere).
3) Am Rande steht: „Quinto" (= 1505). Katharinentag ist in 1505 Dienstag, d. 25. Nov.

---

Item Hans Ruthwig schuldet hans heisen secundum ut supra 25

Item Anna widolts schuldet Claws heisen vmb 1 pfunt das er zogesaget hait zolibbern tertium Et debet facere

Item Claws Nestey schuldet henrich Pfortemer vor 1 gl et Judicia tertium

Antwort[1]) henrich Portemer vnd gestehit Nestey nichts zu vnd saget der borgermeister Job hab dorInnen gehandelt

Item Martin Wychman schuldet Conroit kloppel vor 1 gl. primum

Item Leonhard schenck schuldet herman rupel vor 12 albus primo

1) Vgl. S. 10 oben.

Item hans weidolt schuldet herman rudewigen vor 24 al tertium

Item hermann schindehutte schuldet katerinen schindehutte vor 10 gl ad computationem primum

Item adam schrendeisen schuldet hentz Zincken vor 1 gl 6 al vnd einen rock tertium Idem non constait des rocks vnd zucht sich des an fromme Lude et facere computationem

Item hentz thomas schuldet gabriel rose vor 12 albus tertio

Item henne stein schuldet idem gabriel secundum ut supra

Item Andre feule schuldet hen rode vor 20 gl 1 budden 1 leiter et alia von eins hußs wegen primo

Item herman teche schuldet Ciriacus techen pro computatione et brüderliche teilunge

Idem herman schuldet die rossen vor 3 Jor broit vffgenommen Zum Anenberge von sinetwegen, ex parte patris

---

26 Item Tilo frantz schuldet herman Ortten vor 7 gl. ut supra[1])

Sexta post katarine virginis[2]) Anthonius schultheiß noster civis Elisabeth uxor vendiderunt domino hermano heymeln et successoribus 2 gl jerlichs Zinses zu der Comende vff der aldenstait[3])

Eodem die hait hermanus heimel quitirt Anthonium Schultheißen vor 30 gl capital als er vff alban longs huse gehabt hait vnd ob die alt verschreibung hiernach funden wurde Alsdan sol sie toit vnd krafftlois sein vnd ob alter odir besser verschreibung funden wurde der sollen sie abtrag machen pro se et successoribus

Item vor vnser stathafftigen vnd weisen schultheiß Borgermeister vnd raith erschinet gerdrut Johens schodewolffs nachgelassen withwen also vnd gehorsam borgerin vnd legt vor 1 Briff[4]) mit demutiger bith denselbigen zolesen vnd gutigen ores zuhoren vnd dan ferner zoredden naich irer noitdorfft.

Item vffentlich vnd am tag ist es wie das Jorge glesener vnd Guckel sein hußfrau den got gnedig vnd bormhertzig sey zwen acker

---

[1]) Vgl. S. 37.
[2]) 1. Dez. 1505 (Montag).
[3]) Durch vorstehenden Eintrag gehen, um ihn zu tilgen, zwei Striche; am Rande stehen drei Buchstaben, die Error bedeuten können.
[4]) Nämlich die nachfolgende schriftliche Klage.

lands vor 25 gl verpfendt vnd versatzt haben wilch lant von Schade- 27
wolff als ein nachkommer Jorgen gleseners zu vnd an sich erloist hait Diwil nun gerdrut Johens als eyn hußfrau schadewolffs dem Got gnedig sey von irem hußwird seliger gedechtnisse vff vnd an gerdrut Johens als ein pfantschafft erstorben Ist beclagt sie sich wie in nechst uergangenem sommer Jorge glesener do zu kegen odir anders ymants von sinetwegen Ir der frawe an soliche forende hafe gegangen Ir korn mit selbgewalt sonder laube dopperlich genommen und hynweggefurt poben alle dos Jene dos die arm elendig widtfraw sich zu ehirst vff myn g h als eyn forsten des landes darnach an siner g schultheiß zo Cassel vnd borgermeister vnd Rath zom rechten vnd ins recht geboten hait Diwil nun die arme widtfraw solich ir tapperlich vnd groiß recht repicieren nit hot mogen zohilff komen vnd sie ires pfantguts vnd farendehaffe widder recht spolyrt vnd beraubt ist hofft sie zum rechten sie solle bey schynem tag widderumb restituyrt werden Mag dan Jorg schadewolff odir sein nhamig die witfraw sonder ansag nit glossen so wil sie yme tapperlichs vnd gnuglichs rechten vor dem Erbaren Rath erschinen

---

Ob auch solich lant nit 25 fl wert wer hofft die fraw zom rechten so 28
solle Jorg schadewolff als eyn erbnemen solich lant vor 25 gl gut genug mochen was aber vmb die gewalt vnd selbstrecht recht sey geben sie dem Richter an stait myns g Hern zu betreffen mit anstellung rechtlichs erkenntnißs dorin zogescheen mit furbehaltung aller noittorfft zum rechten gehoren

Vff gethane clage gerdrut schadewolffs gibt Jorge Glesener diß nachfolgende sein antwort So dan in vermeinter clage ehrstlich furgetragen ist wie schadewolff seliger gedechtnis solle etlich pfantschafft geloist haben solichs Ist Jorge glesener nicht gestendig Zugt sich des vff ingelegte Instrument[1]) das nicht pantschafft sondern eynen erbkauf vermeldet wo abir gnanter schadewolff solich Instrument wult gedewt oder verstanden haben vff pfantschafft het ymen luts desselben Instruments die abelosung gezimpt sondern den erben der verkauffer in angezoeigten Instrument gnant

[1]) Fehlt.

---

29 Als auch furter In angeczeigter vermeinter clage gesagt Ist Jorge glesener solle spolyrt haben die clegerin Inhalts vermeinter clage dargegen Excipiret Jorge Glesener ehrstlich In gemeyn vnd ist solichs spoliums odir entsetzung nicht gestendig sagt furter er habe angezceigte acker lants luts der clage nicht vnbilch sondern Zu recht vnd bilche als eyn rechter erbe seins vaters Jorgen glesener seliger gedechtniß ingenommen. Das er solichs bilche getan habe vnd mit rechte beweis er vß folgenden Orsachen Ehrstlich darumb das solich lant darvon die clage sy vnd ist wie obgemelt sin vaterlich erbe. Nu geben die rechte clerlichen das eigentom vaterlichs guts wirt vererbt vff sine kinder vnd erben Es wirt dan bewehret verfallen vff einen frembden als geschriben ist in lege siue possidetis codice (sic!) de probationibus[1]) mit andern vilen rechten Es ist auch eyn lantrecht alde gebruchte gewonheit vbir menschen gedechtnis des forstentumbs Zu hessen sonderlichs der stait Cassel das kinder oder erben mugen in rechte vnd bilche Innemen vnd empfangen on gerichts erkenntnis Ir vaterlich

¹) l. 16 Cod. 4, 19.

30 oder muterlich erbe vnd guter In solichem stande als sie verleddigt werden Solich lants gewonheit vnd staitrecht ist kuntlich vnd vffenbar demnach hait gnant Jorg beclaget sin vaterlich erb gnant ecker mit rechte vnd bilche Ingenommen gestehet der clagerin darumb irer clage nicht 2. das Jorge der beclagte angezceigte Acker bilche Ingenommen habe, ist diß die vrsache In Zceiten als seligs gedechtniß Jorgen libliche mutter gnant Luckel sich hait wollen verelichen mit gnantem Schadewolffen Ist In beywesen viler frommer lewt vffgericht beredt vnd gemacht eine ehebereddunge vnd pactum dotale. In wilcher ehebereddung vnd vor der ehe clerlich beredt ist dorch gnant Lucklen angeben wie Jorge glesener der elter In seinen letzsten beuolen habe gnanter Luckel sie solle dem vngeborenen Kinde darmit sie schwanger gegangen ist so sie gebert vnd lebendig blibbe mit etlichem glase eyn miriglich Zcal vnd auß andren iren gutern gelden vnd bezcalen Die schult den vicarien In der Nuwenstait luts angezceigts Instruments vnd solich lant daruor verschriben wie obgen. irem kinde Jorgen gleseners gewertig

lois machen solichs zuthunde hait gen. Luckel In angezceigter 31
ehebereddung vnd pacto dotali geredt und gelobet mit verwilligung der doch In recht nicht noit wais genants schadewolffs Zucht sich solichs vff die Zugen die bei solichem pacto dotali vnd Zosage geweist sein mit bede wo es die noittorfft fordert vnd nicht anders dieselbigen daruff zuuerhoren ist hierumb der beclagter der clegerin an obgnanten eckern keiner gerechtigheit noch Irer clage gestendig biddet darumb gnanter Jorge beclagter sich von anclage gnanter gerdrut clegerin loiß zuorteiln mit erstatung kosten vnd schaden stellet solichs auß erzcalten orsachen vnd der rechte zu recht Zoerkennen mit furbehaltung aller vnd Jglicher noitturfft.

Inredde Gerdrut Johens vff die lange unbegrunte vnformlich antwort vff vnser schulde von dem wirdigen vnd hochgelerten doctoris Bruhan[1]) ußgangen vnd gescheen Ist wie das das Instrument von Jorgen glesener vater vnd mutter yme solle eigen vnd schadewolffs witwe nicht Doruff sagt die fraw also wie das Ir hußwirt 25 gl. bezcalt vnd sie als die Jene die eyn soliche pfantschafft als farnde hafe von ym ererbt hoit bilche vnd In rechte

[1]) Siehe oben S. 5 der Einleitung.

eigent Es ist auch vffentlichen am tage auch dißs hußs gewonheit 32
das eyn Jeglich frommer borger seine nachgelassene witfrauw mit solicher pfantschafft als farende hafe an sie ersterben muge

Item zum Zweiten vff die lange gethane redde dorIn myn her der Doctor vil guts dings yß den rechten allegirt hoit das doch vor uns leigen on noit gewesen wer dan es taugt(?) zu der sach nicht mer nemen solichs auch nicht an vor ein antwort dan es gehet alleyn vffs erbe vnd nit vff die pfantschafft oder farende hafe dan wan vns myn her doctor Jorge glesener oder wer der wer 25 gl do schadewolff sin hußfraw nit als farendehafe widder zu vnsern handen stelt wuste gerdrut Johens nit dem grunnde wo der hyn gehorte woil zu halten

Item wo er auch wyter anzugt das Jorge glesener der Junger soliche spolium bilche getan solt haben Darzu sagt die fraw neyn Es sy auch hie nicht die gewonheit das ener vß crafft beschribben rechte soll ener witfraw ire pfantschafft also spoliyren Abir woil hett die fraw mogen erleiden

33 das Jorg glesener Ir 25 fl zu Iren handen gestalt hat damit Ir hußwirt schadewolff solich beswert lant leddig gemacht hoit vnd Ir von Irem hußwirt als farendehaffe anerstorben ist Diwil solichs nit gescheen ist und Ir mitselbgewalt ane laube luts der clage hoffen mir er hab solichs vnbilch vnd nicht bilche getan

Item vff den letzsten punct genant pactum dotale Wie das die fraw Luckele solt In der ehebereddunge etlich glais eyn mirglich Zcal damit solich lant erloist pp solichs glaubt die fraw nicht Es werde dan vffentlich wie recht ist an den tag broicht vnd sagt noch wie vor das sie Ires pantguts Jamerlich spoliyrt vnd beraubt ist vber alle rechterbitnus Diwil nu die rechte sagen das nymants vor dem rechte solle pfantbarlich erschinen vnd auch mit zwen ruten gestraft werden hofft die fraw Zo got vnd dem rechten sie solle bilche widderumb Ingesatzt vnd restituirt werden Mag sie dan Jorge ansage nicht verlassen darumb wil sie ym zum rechten stehen wie sie sich des vor erbotten hoit wo aber wyter kunde angezcoggen werde behelt die frauw Ire noittorfft dargegen

---

34 Jorge gleseners leßt es dißmals bie seiner gethanen antwort biddende wie do selbst gebeten ist vnd hiermit zo beslissen

Nach beider party vorbringen Erkennen wir vor recht das die geceugen als bey der ehebeteidigung geweist sein sollen bilche vffgeschribben vnd verhört werden vnd alsdan sol furter gescheen wais recht ist

Erstlich henne falsch Anna uxor ejus Herman ruter herman Lynwebir Jutte pfiffers mit furbehaltung Jorgen gleseners ob er mehir kunde erfaren mocht auch wie recht zuuerhoren

Item die fraw redt dargegen das soliche anstellung von Doctor vnbilch vnd widderrecht gesagt werde vß Orsach es sey die gewonheit des hußs nicht vnd ob eynicherley zuge erfaren oder funden worden solle nicht vfgenommen oder gehort werden vnd wil daruff protestirt haben Datum sexta post katarine virginis[1])

primus terminus erit sabatho post conceptio marie virginis[2])
secundus secunda feria post Innocentium[3])
tertius quarta feria post trium regum[4])

[1]) Montag, 1. Dezember 1505.
[2]) 13. Dez. 1505.
[3]) Dienstag, d. 30. Dez. 1505.
[4]) Freitag, d. 10. Jan. 1506.

---

Vff den andern termyn haben Jutte Pfiffers vnd Anna falschs 35
vor zweien scheffen gesaget Diwil sie kranck gelegen vnd nicht vor gericht haben erschynen mugen Sie haben gehort In der eheteydigung Schadewulffs vnd Luckeln fischers das genant Schadewulff geredt vnd zogesagt hait Er wolle Jorgen Irem Shone das lant vor dem gehege von den vicarien vff der Nuwenstatt widderumb losen ane sinen schaden vnd das wollen sie also behalten vff Ir letzst ende vnd hynnefart.

Item vff den dritten vnd letzsten termin haben In disser sach zo kunde gesagt als hernachfolgt

Joannes Wenefridt geeidt vnd gemacht (?) wie recht Ist hait gesagt Er sey dobey obir vnd ane gewest das hermann schadewulff In der ehebeteidigung Zogesaget hait Jorgen gleseners das lant vor dem gehege widder Zolosen vnd dasselb gelt dorvon er solich lant losen sol Ist von Jorgen mutter wegen herkommen

Item henne falsch hait disse kuntschaff mit seiner sage becrefftigt mit dem anhange das Schadewulff disse losunge thun solt mit glase als er von wegen Jorgen mutter Ingenommen hoit

---

Darvff ist Erkannt[1]) das Jorg Schadewolff solich lant als syn 36
vaterlich erbe luts der kunde bilche ingenommen hoit

Herman Lynwebir hoit gesagt bey der ehebeteidigung herman Schadewulffs vnd Luckel Fischers sey er nicht geweist Aber nachfolgend obir etliche Zyt Ist zu yme kommen genant Luckel vnd zu yme gesprochen swoger herman ich clage vch das mir schadewulff nit heldet wais er mir Zogesagt hait vrsach er lost myn Shone Jorgen das lant vor dem gehege nicht widder des verdreußt mich gar vbel Dornach ist Schadewulff vff dem steinwege zum siechen auch zo yme kommen vnd gesagt myn fraw vnd ich haben vnwillen zuhauff des lantshalber das ich das so lange vngloist lasse nu han Ich Ir zogesagt das Zolosen vnd wils auch thun aber Ich wil myn gebruch diwil ich lebe dorane haben so Ichs losen sol Datum etc.

Dissen widderpartye sein zogelassen vnd gegeben widder disse kunde Zosagen Ir geburlich vnd rechte Zceit sechs wochen vnd dry tage

[1]) Das gerichtliche Endurteil, das mit kleinerer Schrift nachträglich eingeschaltet ist. Die Zeugenaussagen, auf die es sich stützt, gehen teils voraus, teils folgen sie nach.

Vnd Ist der ehirst termyn vff Donnerstag Nach Conversio pauli[2])
Der ander vff freitag noch Appolonie virginis[3])
Der dritte vnd letzst vff Sonnobent nach Matthie apostoli[4])

Nach beder party vorbringen Erkennen die scheffen vor recht[5]) das die grumpelischen von wegen Ires sohns sol bilche zum halben teil des ackers am grasewege gelaissen werden vnd die fruchte vf solichen acker sol ir diß jor gantz folgen gegen die nottzung die adam senior Ingenommen hoit Dazu sol auch Adam herßfelt vnd sein hußfraw Ir die 6 gl als sie bekant haben vßrichten vnd wes dabey die grumpelischen Irer anclage furter beweisen mag das sol sie bilche genissen Mag sie aber solicher beweisunge nit getun so sol abermals vnd furter gescheen was recht Ist[6])

[2]) 29. Jan. 1506.
[3]) 13. Februar 1506.
[4]) 28. Febr. 1506.
[5]) Urteil in der S. 5, 14 verhandelten Sache.
[6]) Auch dieses Erkenntnis ist nachträglich mit kleinerer Schrift eingefügt. Am Rande steht: „Grumpelischen."

---

87 **Juditium Nove et antique Civitatum secunda post Reminiscere**[1])

Item Hans Widolt schuldet hen hofeman pro computatione et satisfactione primum

Item Silo schuldet Michael Thinen pro computatione et satisfactione vor gerste primo

Idem schuldet Joannes schachten pro computatione secundum

Item Hentz Haas (?) schuldet hans gunter vor 12 alb tertium, Luitus tertium[2])

Idem schuldet Cort Tamers vor 18 albus ad computationem primum

Item henrich pfersch schuldet gunter Risch vor 3 gl. ad computationem

Item tilo frantz hait seine schult an Herman Orten erobbirt was sich In der rechenung finden wird[3])

Item potel von der Walda schuldet die Grunaugen vor 12 lb primum

[1]) Dienstag, d. 10. April 1506.
[2]) s. Note 2 zu S. 24.
[3]) Vgl. S. 26.

Item herman Essekuch schuldet herman kucken vor 5 lb 2 albus 2 h primum

Eodem die hait Usener zosampt herman Nolken Asmus widderßhen, herman roden, vor schultheiß borgermeister vnd Rade siner tochter Kinde zo vormund gesatzt[4]) henrich forster vnd Clawes lober Die solich vormundschafft In crafft als vormunder geburt, angenommen vnd Zogesagt In allen sachen des kinds guter betr. das best zutun wie getruw vormunder von rechtswegen zuthun schultig sein

Die grumpelischen hoit gewilligt wo hen becker vff Montag Nachbartho.[5]) sollen bede party zu Iren eiden glassen werden

Item Henne Becker von homberg sol die grumpelischen mit rechte vß Irem besitz bringen der 6 acker lands vnd den wizzenflecken halber am Lyndenberge gelegen

Item in den acker lands am grasewege diwil der Im vertrage hiebeuor nicht angeregt auch als erbe und bis daher unverteilt Ist So sollen darzu biliche Peter grumpels Kinder als zum halben teil glassen werden Datum sexta post visitationem marie virginis anno quarto[6])

[4]) Am Rande: „Vormundschaf".
[5]) 31. Aug. 1506. Vgl. auch S. 5, 14, 36, 38.
[6]) Dieser ganze Absatz ist durch einen schräggehenden Strich getilgt. Das am Schlusse genannte Datum (= 8. Juli 1504) ist wohl das Datum des „Vertrags hiebevor". Am Rande steht: „XIIII tagen".

Die grumpelischen hoit gewilligt wo hen Becker sich benympt 38
obir die Heiligen[1]) als recht ist das yme peter grumpel die 6 acker vnd wizzen am Lyndeberge nit bezalt hoit als dan wie sie yne darmit als mit sinem guten gewerden loissen

## Juditium noue et antique Civitatum 3. feria post Exaltationis sancte Crucis[2])

Item Henrich schaffenroth schuldet Cuntzlein ferten vor $6^1/_2$ lb primum

Item Tilemann gipper schuldet Conroit Rischen vor 14 gl 34 gl ad computationem primum

Item herman Lutze schuldet herman swartzen vor 10 albus ver-

[1]) Sich benehmen über die Heiligen = beschwören. Vorausgehende Verhandlung s. S. 5, 14, 37.
[2]) Donnerstag, d. 19. Sept. 1506.

sessener zins vnd dry scherff in sein huß gehorend ober 20 Jor versessen[3])

Item Bernhard Clugen schuldet hans vrffen vor 8 albus primum

Item Martin Nedel schuldet herman Rupeln vor 3 gl minus 3 albus primum

Item Henrich Noen schuldet Cuntz buteler vor 650 felle vmb Zusage darfon vff Jacobi gemacht primum

Item die buwmeister sancte Marie Magdalene schulden Cuntz buteler vor 4 lb waßs verzessener Zinse ex domo spiar[4])

Item hans foyle schuldet henrich mebs vnd frenz vor 10 gl. 3 acker landes primum

Item Claws Pilgerim schuldet hermann Cleynsmidden vmb besserung etlich lands primum

Item Conrad Wenefrit schuldet herman techen vor 20 albus primum

Item henrich hudemecher schuldet scheffirhennen vor 7 gld. ad computationem primum

Idem schuldet volgman vor 1 gl. primum

---

[3]) Antwort s. folg. Seite.

[4]) = sororum piarum ?

---

89 Item Ciriacus Johen schuldet hans gunters vmb 1 hellebarte

Item 1 kessel 1 lanck messer das er Im gutlich geliehen hoit Ins her tertium, Luitus tertium[1])

Item Herman Rudewig schuldet hans heisen vor 16 albus tertium

Item Herman Swartz schuldet gerwig dohm vmb schaden der Ime zugefugt Ist von seinem dache das In der gassen gelegen Ist

Item henne hofeman schuldet hans heisen vor 7 Virtel maltzs vnd etlich sniddegezeugs

Item henne resch schuldet Johannes schachten vor 6 albus secundum

Idem Resch schuldet Michael fugssen vor 4 albus tertium

Item Idem Henne Resch schuldet til gurden vmb 1 Zaun vnd rechinschaffts eins rindes primum

Item Joist Kruger schuldet herman orten vor 3 Virtel Jors Lohin vnd ist vordint Lohin auch 4 eln fuldischs tuchs, 1 hermel vnd etliche schuw

---

[1]) s. Note 2 auf S. 24.

Antwort herman swartz[2]) vff anclage Herman Lutzen Es mege sein das brif vnd sigl anzeigung geben obir solichen zins der 5 albus In der schulde geludt abir diwil yme die stur die sein huß vom alten huse gehabt hoit abgangen ist er yme nit schultig solichen zins zu geben, 2. das er yne obirbwet hoit mit trouffen vnd dache Item der drier scherffe gestehit er Ime nicht zu vnd hofft herman Lutze sey schultig die zugeben Inhalt brifen vnd sigeln

Item Antwort Herman Orten vnd gestehit solicher schulde nit zue dan er sey one sinen willen sonder vrsach vß seinem Dinste gegangen vnd Ine darumb In schaden gefurt

[2]) Auf die Klage S. 38 des Gerichtsbuchs.

vnd hofft darumb seyn knecht sei Ime schultig kosten hinder vnd 40
schaden Zugelten Er wil auch nicht gestehin das yme sein frauw hab vrlob Zugeben hinter Ime

Diwil Jost Crüger vß seinem dinste ane alle schult vnd vrsach gegangen Ist er schultig sinen dinst zu halten nach wissen vnd willen sins hern vnd seinen lohin zuuerdienen, Wo er aber solichs Zutun nit willig wer alsdan solt er herman orten bilche vnd von rechtswegen vnangefordert lassen[1])

Vff Dingstait noch Mathei apostoli[2]) sol wilhelm erschinen vff dem Rathuse Zu Cassel In der sach zwischen herman rupel sinem weib vnd der Krußhaupten recht zu geworten vff aller party vorbringen[3])

**Juditium libertatis quinta feria post Crucis Exaltationis[4])**

Henne fyne schuldet Cuntzen schuwerten vor 2 virtel korns vnd 1 Lyns 1 malter habern primum

Item Michael preuten schuldet Adam Wyngarten vor $3^1/_2$ gl. et Judicia tertium

Item Cyes kompan schuldet Johan gelluck vor 1 gl. primum

Item Conrad Wenefrit schuldet Adam widolt vor 10 bowholtzer die er Ine abgefurt hoit primum

Item henrich faber schuldet die wickenanden vor $2^1/_2$ albus primum

[1]) Urteil des Gerichts.
[2]) Freitag, d. 25. Sept. 1506.
[3]) Ladung durch das Gericht auf einen Gerichtstag.
[4]) Freitag, d. 19. Sept.

Antwort Leonhart von wegen seiner hußfraw vnd grumt sich solicher arbeit vff das hantwerck zubesichtigen

---

41 Item hans belnhusen schuldet Margreten rullen vor 6 lb. primum

Idem erkendt sich das soliche schult nemlich 22½ albus vor recht[1]) vnd bekontlich schult Ist luts der schulde dis sol henrich faber bilche genissen hoit dabey leonhard henrich fabern vmb arbeit von pilzen oder anders anzusprechen darumb mag er yme mit rechte vornemen[2]).

**Schulde henrich Dietherichs[3])**

Vor euch Ersamen sch, b v, r[4]), bringt der Anwalt Henrich Dietherichs In der besten form vnd moiß wie von recht gescheen sol konen vnd mogen Klagende vor vnd saget wie der gegenteil wenddorn genant obgenanten henrich Dietherich cleger Intrage In sein veterlich vnd bruderlich gut thu vnd sonderlich In dem stuck das er In vergangener Zceit sein mutter des clegers furgehalten vnd obbereddet habe das der cleger von solichen geerbten gutern Im 20 gl. vng. Zutun pflichtig sey vß wilchem thun die frauw als eyn kranke person vß freulicher blodickeit sonder Iren verwanten vnd des kindes vormunden winddorn dem kegentil acht gld. versprochen vnd Zogesagt hoit Also vß vnd von wegen henrich Dietherichs gutern bit darumb mit recht Zuerkennen vnd vßZusprechen Das er soliche 8 gl. der er vier hynweg hoit vnbilch vfgenommen vnd gefordert hoit mit Irstattung der kosten hinder vnd schaden primum

Antwort Adam[5]) vnd gestehit yme nichts zu das solich holtz sein gewest sey

Cuntz seddige schuldet henrich widdeman 1 ort minus 12 gl. primum

Conroit Wenefrit sol beweisen dos solich sein geweist vnd yme adam abgefurt hoit des sol er bilche genissen[6])

---

[1]) Zugeständnis der Schuld.
[2]) Am Rande steht: „Res.“ (= Resolutio des Gerichts).
[3]) Klage des Anwalts der Partei.
[4]) = Schultheiß, Bürgermeister und Rat.
[5]) auf die Klage voriger Seite.
[6]) Vgl. S. 40.

---

42 Item dißs gerichts Ist Adam widolt lois gewest vnd yme darumb gerichtschaden zugelten[1])

---

[1]) Gerichtsbeschluß.

Item herman profant schuldet hans Luckeneiger vor 6 albus primum

Item katarina probsts schuldet tiln schuwirte vor 2 gl. primum

Item hans tuchscherer schuldet henrich stoiber vor 1 gl. primum

Item Henne Risch schuldet die eythemen vor 4 lb. gelts das sie von eins swinswegen Ingenommen hoit tertium[2])

Item Mortin Nedel schuldet die hecken vor dry eln 1 brusthuffe 1 spaden Auch etlich soltgeld primum

Item henne Nedel schuldet Turlemen secundum ut supra

Ehir begrifflich der Eythemen antwort[3]) Nympt sie an Zu bote vnd steur Iren rechten alle das Ir dinlich vnd retlich ist Zuuolfurung Irer antwort wois abir widder sie vnd Ir gut recht wult sein Das wil sie alles widdersprochen haben vnd sagt darzu generalia pro et contra vnd antwort also Es moge sein das hen risch cleger vor etlicher vergangener Zceit In leben Ires hußwirts vnd Irer In Ire huß kommen sey vnd vmb eyn gut gesont swyn gekaufft also das die eythemen vnd Ir man dem got gnode das swyn darumb hen Risch als cleger gekaufft hoit vff dem eren am lychtentage vmb vesperzceit do dan hen Risch cleger solich swyn besehen begriffen vnd befulet hoit vnd du gesprochen widder Iren hußwirt vnd sy das swyn trage do lyge yme nun nicht ane wo er des kauffs mit Ime eyns werde so wolle ym mit der ax versniden Du hoit Ir hußwirt vnd sie gesprochen des omen sie woil sie wollen yne nit wyter wehern dan vor die thor Sie wollen auch nit gut vor tragen odir nit tragen

[2]) Fortsetzung am Schlusse dieser Seite.
[3]) auf die kurz vorhergegangene Klage dieser Seite.

---

darauff gekoufft vnd hynweck getribben vnd zihet sich des vff hen 43
rischs eygen munt

Henne risch stelt Zoerkennen Nachdem die frauw das swyn widderumb Zu huse vnd hofe genommen hoit sie solle yme bilche zu seinem gelde antworten vnd bezalung machen

Die frauw Zugt der handelung vff Iren eygen munt wie vor gescheen

Item Joist Schacht schuldet Herman Frebe lvnd sinem stiffatter secundum ut supra

Kan hen risch beweisen als recht Ist Das er das gekauft swyn der eythemen widderumb zugeschickt vnd sie auch das widderumb Ingenommen hoit dis sol er bilche genissen Sin autem non alsdan sol furter gescheen was recht Ist[1])

Item Claws Nestey schuldet Meinecken vmb kosten hinder vnd schaden etlichs mists vnd ackerlohnis halber Nachdem er Ime nit haben moge den Couff halten

Antwort Meinecke er hab Clawes Nestey nichts sonder sinem vater vnd mutter verkauft vnd gestehit Ime nichts Zuw

kan Nestey beweisen als recht Ist das er die besserung nit an soliche lande getan vnd yme die auch meyneke Zubezalen Zogesagt hoit des sol er bilche genissen, Sin autem non alsdann sol furter gescheen wais recht Ist[2])

Item Cuntz Kalpormer schuldet ytel volgman vmb 1 Lybzucht eyns hußs das Im verkouffe gludt ist Die er yme nit helt Er hoit yme auch etlich gelt verpffent In huse vers.[3]) Item vmb 20 albus verdint Lohin Item vmb mist der yme Zustehet primum

[1]) Am Rande steht: Res. (= Gerichtsbeschluß).
[2]) Am Rande steht: Re (= Gerichtsbeschluß). Fortsetzung s. folg. Seite.
[3]) = verschrieben.

---

44 Volgman bit fromme Lude die bey dem Winkouff geweist zuhoren vnd wie der kouff gemacht verteidingt vnd gemacht ist Inhalts Instrumenta dem wil er also getruwlich nachkommen

Item Martin Nedels schuldet belnhusen secundum ut supra

Der ehirst termyn der beweisunge Nesteyes[1]) sol sein vff Freitag nach Michaelis

Der ander sol sein vff Sonnobent (nach?) galli

Der dritter vnd letzster sol sein vff Dinstagk nach Omnium sanctorum Anno vt supra[2])

## Juditium vff der der Aldinstatt am Dinstag Nach Dionisy Anno sexto[3])

Item hans Waldenstein schuldet stalhans pro computatione et satisfactione primum

[1]) Vgl. vorige Seite.
[2]) 2. Okt., 17. Okt., 3. Nov. 1506.
[3]) 13. Oktober.

Item herman Conroit schuldet herman Daschenera pro floreno (?) primum

Item henrich hudemecher schuldet volgman secundum ut supra

Idem schuldet Schefferhansen secundum ut supra

Item Adulff herßfeld schuldet Claws seltzern vor 6 albus primum

Item Claws koch schuldet Ciriacus Johen vor $4^1/_2$ lb als borgen vnd selbstschuldig primum

Item furhans schuldet Kort Duner secundum ut supra

Item herman Daschener schuldet greten scherers sin hobefraw vor 3 gl. 3 albus hußzins primum

Idem schuldet Cuntz Muntzer vor 1 gl secundum

---

Idem schuldet herman Rupeln secundum ut supra 45

Item herman schindehutte schuldet die calpornern vmb eyn krebß primum

Idem schuldet katharinen schindehutten secundum vt supra

Item Daschemers sohin schuldet herman Conzen vor 10 albus verdint lohin von sinen kuben

Item fraternitas beate Marie Magdalene schuldet Cuntz butelern vmb . . . . . . . . .[1]) versessener Zinse

Item hans Smit schuldet Claws Rymensnider vnd sinen bruder vmb 1 hoichzeit vnd cleydung Irer swester midtgeredt

Item herman Lutze schuldet herman Swartzen secundum ut supra

Item Henne Risch schuldet Dilen gurden secundum vt supra

Item Hans yste schuldet henrichen mebs & frenz sinnen secundum

Item Diethard Crunauge schuldet Caspar kortzsack vor 3 lb 1 fuder holtzs wegen (?) verdint Lohin

Antwort Caspar vnd sagt der knecht sei von Ime gegangen vor der ernt vnd gestehit yme nichts zu Nachdem er yme vß sinem Dinste gegangen Ist ane alle schult vnd ursach

Item henrich kirchpeter schuldet Gabriel de rosa vor 7 lb schuldet 4 lb 1 scheffel hafer primum

Item Tileman pippers schuldet Conroit Ditmar pro computatione et satisfactione secundum vt supra

[1]) Die Stelle für Angabe der Summe ist leer gelassen.

---

46 **Weissenhofer vmb pergamentergüter**[1])

[1]) Auf eine leere Seite des Gerichtsbuches und zwar die letzte der ersten, 12 Bogen haltenden Blattlage als Ueberschrift zum folgenden gesetzt. Die Weissenhofer sind die Mönche „des Gotteshauses, genannt Weißhof zu Cassel“, nach welchem heute eine kurze Straße Cassels „weißer Hof“ heißt, eine früher vom Bürger Seeweiß besessene Gegend. Gefällige Auskunft des Herrn Geh. J.-Rats Büff in Kassel).

---

47 Anno 15 C quinto Schulde vnd antworte Zuschen den Hern In wissenhofe an enem vnnd Johann pergamenter nachglassen guter am anderntteil gescheen am Dinstage nach Assumptionis marie virginis gloriosissime[1])

Der geistlich pater des gotshuß gnant wisshoff Zo Cassel In namen desselbigen gotshuß thut ehirstlich diß folgende protesten vnd bedingung das er nicht wyter moge willigen In borgemeister vnd Rath oder richter dan so fern vnd vile yme Im rechten zoglassen wirdt[2]) Nach solch gethan protestation Klagt vnd spricht[3]) gnanter vater In namen wie berurt ist Es sey kuntlich vnd vffenbar das zo Cassel glegen ist ein gotshuß gnant der wißhoff gestifft vnd bestetigt wie gewontlich ist mit andern gotshusern dorIn etlich hern vnd geistlich person semptlich vnd In gemeyn leben Geistlich leben haben vnd holden pp Inhalts Ir fundation vnd confirmation Item setzt vnd spricht das In vergangenen Joren vngeuerlich bey den 20 Joren ener gnant Joanes wißgerber odir pr[4]) mit wissen vnd willen seiner aldern vater vnd mutter etwan Ciriacus wißgerbers vß geistlicher guter neygung godde zudienen sich personlich gegeben vnd gegangen In gnant gotshuß den wissenhoff DorIn sein prube Jor gehabt vnd gehalten Inhalts der rechte vnd der statuten derselbigen sammenonge[5])

[1]) 19. August 1505.

[2]) Vorbehalt etwaiger Unzuständigkeit des weltlichen Gerichts.

[3]) Die Klage wird in „die Feder geredet“.

[4]) Hier pr = pergamenter, was dasselbe ist wie Weißgerber.

[5]) Zwischen die Blattlagen ist folgender zu diesem Prozesse gehörige Zettel geschoben: Vffzeichnung hern Johan pr (= pergamenter) nachgelaissen schult betreffen

Item 43 gl Claws koch
Item 26 gl Tilo frantz
Item 12 gl Syman

**Tax siner guter**

Item das huß ist geacht vff 54 gl
Item der garten ist geacht vff 53 gl
Den hern Im weissenhofe 10 gld vocken tochter darmit zu den eren zobringen 15 gl, Obir alle vfrichtige vnd bekantliche schult Johan per-

Item Setzt vnd sagt das gnanter Johanes pergamenter noch vßgange seins prufJores mit friem willen sinen Lyp vnd gut gnantem Gotshuß vnd seiner sammunge Zo eigen gegeben

---

gamenter ist obir blibben von allen nachgelassen gutern gemelts er Johans 25 gl der sein wurden 15 gl einer armen Junckfrawen des gemelten hern Johans mutter swester tochter Die vberigen 10 gld sein Zoglassen den hern Im weissenhofe vor Iren Kosten Den er vormals bey yne gehalten hait Datum Cassel am freitag naich bartholomei. anno XVC quinto (= 29. August).

---

geeignet vnd ein gehorsam vnd profession getan hoit nach Inhalt der 48
rechte vnd sonderlich gnanter sammung vnd gotshuß statuten vnd privilegia vnd ist also dorch den pater gnantis gotshußs vnd sein sammung Zu der Zceit In Ire regel leben vnd bruderschafft vfgenommen

Item Setzt vnd sagt das gnanter Joannes pergamenter In obgemelter sins Ingangs profession vnd vfnemung Zu vbirfluß sipheit vnd merer sicherheit alle sine guter beweglich vnd vnbeweglich gnantem gotshuß dem wissenhofe siner sammung mit gutem friem willen In beiwesen Notarien vnd Zugen geeignet vnd gegeben hoit Inhalts eins vffen Instruments hir bey glegt[1]).

Item setzt vnd sagt das gnanten Joannes pergamenter Iren mitbruder vnd profeß In kortuergangenen Zyten dorch toitlichen abgang seliger gedechtniß sines vater vnd mutter Ciriacus pergamenter vnd Im letzsten siner mutter Catherinen sein veterlich vnd muterlich erbe vnd guter beweglich vnd vnbeweglich vff vnd an erstorben sein Damit gnant gotshuß der wißhoff berechtigt worden ist

Item setzt vnd spricht das gnant Pater sein sammung vnd Gotshus der weißhoff seint by[2]) rechten vnd nechsten erben Zu solichen nachgelaissen guttern Ciriacus pergamenter vnd seiner frauw seligen In namen vnd von wegen gnantes Jo. pergamenter ires liplichen sohnes vß dem derselbiger

---

[1]) Liegt nicht bei.
[2]) Wohl verschrieben für dy?

---

wie obgemelt ist sich seine guter gnanten gotshuß siner sammunge 49
nach ordenung der rechte fundation confirmation vnd statuten gnants gotshußs der sammung gegeben geeignet vnd sein profession getan hoit Darumb gnanter vater vnd sein sammung gemelts erbfals

vnd nachlaiss wie obgemelt recht vnd nechste erben sein luts der rechte In besonderheit autentice ingressi codice (sic!) de sacro sanctis ecclesiis in .....[1])

Auch nach Inhalt bobstlicher bullen vnd privilegien alhir beygelegt[2]) biddet darumb gnanter pater In nomen siner sammung vnd gotshuß vch Erbarn schultheis borgermeister rath vnd ordentliche richter der angezcelten guter vnd Erbfals yme vnd sein gotshuß dorch vwer gerichtlich decret vnd erkenntnis In gemelt nachglassen guter vnd erbfall huß hoiff vnd wie sie gnant sein Inzosetzen vnd InZofuren vnd Ingesatzt mit recht Zohanthaben vnd enthalten stellet soliches In recht Zuerkennen mit furbehaltung aller vnd Jglicher noitturfft[3])

[1]) Auth. de monachis zu l. 13 Cod. 1, 2: Ingressi monasteria ipso ingressu se suaque dedicant Deo nec ergo de his testantur, utpote nec domini rerum.

[2]) fehlen.

[3]) Folgt eine leer gelassene Hälfte der Seite.

---

50 Item her Jost beschuldet reddet vnd hofft die scheffen woil erkennen der Lynien nach wer Zo solichen gutern die nechsten erben sein

Darzu leßt Symon[1]) furwenden Er hab ym ein pfert verkauft derglich ander vnd mehir schult vffgetragen hofft die solle yme bilche wir solch gut erbt gegolten werden

Henne Vocke[1]) sagt yme benge an rechte vnd ist der schulde der hern also nit gestendig vrsach es mag gescheen sein das er Johan wißgerber[2]) mag In den wissenhoff gegangen In sinen kinttagen vnd soll dor haben getan sinen gehorsam das laßt er In macht als vile das gehaben mag dan du er Johan ist kommen Zo siner vernunfft da hait er von vnd vß dem orden gegangen vnd werntlich hendel an sich gnommen mit lere Zo Erffort vnd anderßwo das er ist worden ein werntlich prister das dan die hern In wissenhofe also haben gescheen[3]) darumb gibt er Ir ansproich keine macht Da der vater gestorben ist do hoit he vererbt sin hußfrauw vnd sine sohin do es die hern auch bie glassen haben Die muter ist darnach gestorben

[1]) Einer der auf dem eingelegten Zettel (s. S. 47) genannten Erbschaftsgläubiger.

[2]) Der ursprüngliche Familienname des nachherigen Weißenhofer Paters oder Priesters Johann. Für Weißgerber wird auch der Name Pergamenter als identisch gebraucht (s. S. 47. 52).

[3]) scil. lassen.

vnd men son vererbt daby es aber die hern glassen haben vnd yne mit sinem gute gewerden laissen So dan der prister vnd herre nun gestorben ist So trit hen fockeln als ein rechte libs vnd nechster erbe vnd hoft solichs nachloiss

vnd guter das sey huß hoff alle seine guter beweglich vnd vnbeweglich 51
hie odir anderßwo des sy henrich Vocke ein naturlicher rechter erbe vnd nehir dan die wissenhofer vnd stellet das Ins recht mit furbehaltung aller noitturfft zum rechten gehorend

Claws Koch vnd Thilo holtz[1]) lassen redden wem soliche guter Zogeteilt vnd erkant werden der solle yme bilche zo Irer schult nach lut Instrumenta vnd hantschrifft antwortgebung mit furbehaltung pp

Replicatio des patris Im wissenhofe vff die vorgetragen antwort hennen Vocke widderparty vnd sinen anhange repliciret der pater Inmassen wie folgt

Ehirstlich In gemeyn Ist er solichs vortrags vnd antwort nicht beglaubt noch gestendig yme vnd sinem recht vnschedelich spricht darumb der pater wie vor repetirende vnd ernuweren sine getan schulde vnd clage In besonderheit der letzsten Zwen artikel mit biegelegten brif vnd Sigeln Als aber der widderpart furgebracht hoit Ins ehirst In siner vermeinten antwort genanter Johannes pergamenter solle In kinttagen Ingegangen vnd sinen gehorsam getan Im wissenhofe dornach In Joren siner vernunfft vß solichem huß vnd sammung gegangen vnd werntlicher prister worden pp luts der vermeinten antwort Doruff sagt der pater des wissenhofes vnd ist nicht gestendig das Joannes pergamenter

[1]) Die beiden weitern auf dem eingelegten Zettel genannten Erbschaftsgläubiger.

In der Zceit als er In den wissenhof gegangen ist vnd 52
seinen gehorsam wie obgemelt getan hait gewest sey so clein Jerig so Jung odir kindisch das er zo solichem Ingange vnd gehorsam alters oder Jor halber vntogelich geweist sey wante die rechte geistlich vnd werntlich Auch statuta vnd ordenung gemelts gotshuß seiner Canonicken vnd sammung clerlich beweren vnd sagen wais Jor vnd alter gnugsam sey sich Zogeben In geistlich leben vnd gehorsam Zutun Ist vngezwifelt solichs alles ist also gescheen vnd sonderlich vber alle so ist gnanter Jo pr In gnantem gotshuß vnd sammung nach sinem

Zugang vnd profession vile Jar gelebt vnd gewonet, cleydung getragen nach ordenung Irer sammung vnd zu genuglichen vberigen Joren vnd alter geweist so lange das er vß Ingebung boses geists vß gnantem Huß vnd sammung widder willen des paters seiner sammung Ir fundation priuilegien vnd statuten Auch widder willen siner liplichen altern vater vnd mutter als ein vngehorsamer vßgegangen vnd verlauffen Ist further als der widderparty spricht das die muter katarina pergamenters In Irem toitlichen abgang solle beerbt haben gnanten Johan Pergamenter Iren sohen vnd nicht die hern Im wissenhofe pp. Solichs vortrags In dem rechten vnbegrunt Ist der pater nit geständig Zeicht sich dis vff alle beschribben rechte vnd sonderlich vff gemelt

---

53 Autenticam Ingressi C de sacro sanctis ecclesiis vnd vff die biegelegten[1]) priuilegien vnd bebstlichen bullen Eugeny dorInne clerlich gfunden wirt das dorch toitlichen abgang Katerinen pergamenters mit Iren nochglossen gutern nicht Iren son Joannes Sonder gnanter wißhoff vnd seine sammung beerbt sein So auch Zumdritten vom gegenteyl furgebracht ist die herren des wissenhoffs sollen geswiggen haben von Zceit des unbilchen vßgangs obgemelt Jo pr yne mit sinen gutern nach sinem willen gewerden laissen pp Doruff repliciret der pater Die angezalten guter die sint eigen gewest Ciriacus pergamenters vnd siner hußfrauw seligen biß In Iren toit Aber noch toitlichem abgange der letzsten person vnd mutter katarinen obgnant sey ehirst solich erbfal vnd gut dem gnanten gotshuß dem wissenhof erleddigt vnd vfgestorben Wilcher toitlich abgange melter Katerinen vngeuerlich bynnen 5 odir 6 Joren gescheen ist Das abir noch solichem toitlichen abgang der mutter gnanter pergamenter solicher guter nicht vndirzoggen sonder gnanten hern Johann pater Damit gewerden laissen das sey gescheen vß Zweien vrsachen Ehirstlich darumb das gnanter er Joannes pergamenter Zo vile moilen vnd sonderlich In dissem gegenwertigen Jor als der lest hie gewest ist Zo gnantem pater vnd andern mehir gesprochen hait Er hoff zu got er wolle nicht sterben sondern sich widder In den wissenhoff vnd gehorsam geben Zum andern darumb das gnant er Johan noittorfft seins Lybs vnd findung (?) von solichen

[1]) Liegen nicht bei.

---

Gutern haben mocht, getruwet der pater stelt das auch In recht Zoerkennen das solicher gedult vnd sein sweigen vngeuerlich 5 odir 6 Jar vß angezceigten vrsachen gescheen Ist yme vnd seinem gotshuß an siner angestalten action vnd angezalten gutern vnschedelich want In dem fal kene verJerung noch prescriptio stait haben magk wais auch der gegenteil In siner furgetragen antwort bekant hait dem pater botlich zo sinen guten rechten wil er vor gerichtlichs vnd genuglich bekenntniß so gescheen angnommen haben vnd bittet noch wie vor sich in angeclagte guter Inzosetzen wie ehirst In seiner clage gebeten Ist 54

Item vff freitag nach appolonie virginis[1]) hat Henne pflucke sein huß widderumb Zo sich gnommen Diwil eyn Zanck vnd Insproch von dem Muntzmeister ankommen Ist vnd alsbald sinem sohne Er Johannes pflucken solich huß obirgeben Anno sexto

[1]) 13. Februar 1506.

**Noldenners Kinder betr.** 55

Anno 15 C sexto am Sonnobent Nach Oculi[1]) hait Eua Krugers Sanct Volgmans et qnz (?) wilnern zum Anenberge obirgeben 1 verschreibung henrich yserngart belangend 2 gl Jerlichs Zinss dargegen haben Ir die vorstender Zogesagt solich 2 gl Zinss Ir libslang folgen Zolaissen

Eodem die han die Kammerer Gosenhusen vnd Wingarten herman Noldenners kindern geliffert 17 gl an gelt vnd an Muntz als die testamentirer hinterlegt haben Doruff han sie auch alsbald den roith solicher somm quitirt vnd lois gesagt

Dorbeneneben hoit der Raith hinter sich behalten 10 gl Die warten vff die elich frauw habet nouem florenos et quitat (?) pueros De omnibus bonis sexta post seruaciy[2])

Item 10 gl kersten von Colln zu gottingen geandelogt damit hait er vor sich vnd sein hußfrauw verzicht getan vff alle guter herman Noldenners lyggende odir farende, vor dissen briff vnd vorzcicht ist godtfrit poßke gut worden

Von 3 gl 10 albus sind Jglichem Kinde worden vnter Ir funffen an barem gelt

Item Am Montag Nach Oculi[3]) Ist Henrich Wulghart erschenen

[1]) 1. März 1506.
[2]) Dienstag, 19. Mai 1506.
[3]) 16. Mai 1506.

vff die 14 Tage die er angenommen hait gewartet vnd hofft damit Ir sach erstanden

---

56 Item am Montag Nach quasimodogeniti Im Jar V C sexto Ist Zo Cassel vor euch Ersamen vnd wisen schultheis burgermeister vnd rath erschienen der Junge hen ryman gehorsamlich vnd clagt wie das hans Cramer In vergangener Zceit 1 briff furter (?) von der Numborg dem Junge hen ryman gegeben habe des er in wirglichen großen schaden kompt wiewoil das sich solcher briff bilche von hans Cramer zu geben nit gebort hatte bit darumb solichen briff Zulesen vnd ferner die noitturfft zu redden

Noch verlesung solichs briffs der In sinem Inhalt vnd Clausuren drier stuck natur ist Vnd sonderlich Im ehirsten dorInne sich hans Cramer berumpt das her dem Jungen ryman Inselbigen kouff den weidt widder glassen habe. Do sagt ryman lauter neyn Zue vnd bit darumb das recht

Item Vff den andren punct dorInne sich hans Cramer auch berumpt Junge hen ryman solle vor hans Cramer In verlouffener Zceit erscheinen sein vnd gsagt er solle Zu Erffort empfangen haben 8 cubel wits 191 (?) virtel pp. Darzu sagt er lauter neyn vnd begert darumb das recht

Item Vff den dritten punct dorIn sich hans Cramer verpflicht vnd glaublich gesetzt hoit wo Jonge hen ryman beweisen mocht Das er borge vor hans Cramer worden wer vngeuerlich desselbigen artickels so wult er gutwillig sein yne Zobezalen also erbiet sich gnanter Ryman solichs Zubeweisen doch nit das he zu vbirflussigen adir vnnutzen beweiß genottigt sein wil mit bit den erbarn[1])

[1]) **Hier sind zwei Blätter bis auf zwei schmale Streifen weggeschnitten; gleichwohl schließt das auf dem nächsten Blatt folgende richtig an.**

---

57 Rath Hans Cramer dahin Zuweisen solichs schaden vnd burgschafft wulle erstattung thun

Anno sexto quarta post oculi[1]) haben der Raith hen tuchscherers vnd Cort Kersten mit verwilligung beder partye gutlich vertragen des gangshalber mit wuste vnd vnfladen also das hen tuchscherers gonnen vnd lyden soll regenwasser vnd eyn adeloch von vnd vß Cort

[1]) 19. März 1506.

Kerstens huße Vnd wais sunst vor vnfleit gemacht wirt der sol seinen vßgang obin vß noch der straissen In die trusel gewissen werden vnd wais der arbeit dißs ganges kosten wirdt den winkel zugereden den solten sie von beidteilen gleich gelten vnd tragen vnnd sollen darmit gruntlich vnd fruntlich gescheiden vnd vertragen sein[2])

**Anno XVC sexto In sexta Pentecoste**[3]) sunt electi Noui scabini, Clawes Anebolt, Hen sachsse, herman bune, Joanes schacht, Henrich Wingart, Joist Schindehutte, Ludewig koch, Claws ysernhart, gerhart Schilten, Herman almener, Hans Wynman, Ditmar lap

**Borgermeister Henne merker**[4])

gemein borgermeister { Ledderhose Andre feule<br>Ernst Widderolt diß Jors

Henne Waldenstein Cuntz Winters Joanes Wenefrits

Scheffen ab alio latere / Job schrendisen / Claws nix / Reynhart gasenhuß / henrich schafferoit / hayman / Claws koch / Tilo frantz / Henn agnese / herman Nolten / Johan corbach henrich mebs[5])

[2]) Am Rande steht: compositio tuchscherers. Die vorausgegangenen Verhandlungen stehen S. 7, 8 des Gerichtsbuchs.

[3]) Sonnabend, d. 6. Juni 1506.

[4]) Im Original verschrieben für Merkel (s. oben S. 6 der Einleitung).

[5]) Folgt eine leer gelassene Seite als letzte vom 6. Blatte der zweiten Bogenlage.

---

(leergelassene Seite) 58

---

Schulde vnnd antwort Zuschen dem Dorff Kauffungen vnd meister 59
gensingk, vnd Freitag nach omnium sanctorum vßgangen[1])

Nachdem die von Kauffungen als das große teil der sammung sich vffentlich vor richter vnd Rade erpieten sie wollen gut sein In disser sach vor alle Ire nachgebur wois der nicht gegenwartig weren odir abir zur stedde erschenen gebrechen halber vnd In alle rechte So erkennen die scheffen zu recht das gensinck der sey pflichtig den von Kauffungen vff Ire clage Zoantworten sonderlich bei LXXX personen[2])

[1]) Am Rande steht: In nomine patris et fily — Das Datum ist 6. Nov. 1506.

[2]) Die vorstehenden sechs Zeilen sind durch zwei schräg hindurchgehende Striche getilgt. Ebenso sind getilgt mehrere weitere unleserliche Zeilen.

Item ehir meister gensinck antwort vff siner fruntlichen lieben nachburn anclag gibt stelt er ein vrtel Ins recht wie das sie ..... peinliche vnd swere clage an yne wegen sein glimpff vnd ere betr Ob sie yme nit gutlich versicherung setzen vnd thun sollen Ob yme got vnd das heilige rechte hulffe das er der ansage von yne leddig erkannt werde nicht bilche die pen luden solten darIn sie Ire vermeinte vorbringen vnd bit vmb Gots willen wais recht Zoerkenne[3])

[3]) Die ganze Seite ist durch besonders schlechte Schrift und durch kreuz und quer gesetzte Worte fast unleserlich; sie sollte wohl nur als bedeutungsloses Konzept dienen.

60 Gegenredde meister gensings vff die vnformlich antwort vff sein anstellung des rechten wie das im vorgnanten orteil Meister gensingen aberkant sein solt das er vff ein pinliche clage nit versicherung haben sult des ist er nicht begleubt

Item In Zweiten das es schaumslege solten sie des lest gensinck In der macht beruen vnd stellet Noch wie vor wais recht ist Zoerkennen

Die von Cauffungen ruffen an Richter vnd scheffen erinneren dise des gewisten orteils aller lest gesprochen vnd stellen Ins recht dem solle bilche gelebt werden dan solte soliche schaumslege vnd vmbswenke angstalt mechtig erkant werden alsdann mußten sie von rechtswegen vor den gestalten ortel gefordert sein vnd stellen das wie vor Ins recht vnd fordern Ire entslahunge wie vor gfordert ist

Vff die angstelte Caution Nach beider party vorbringen Erkennen die scheffen Zo recht Die von Cauffungen die Meister gensingk schultig sein Zuthun Gensingk hait die Caution fallen laissen[1])

[1]) Dieser letzte Absatz ist durchstrichen.

61 **Anclag der von Kauffungen**

Die von Obercauffungen setzen eyn clage wie sie Meister gensinck vor dem schultheiß zo Cassel In sitzendem Gerichte mitsamt scheffen vnd greben verordent vnd auch etzlich vmbstender des gerichts Do der egnant Meister gensinck auch die vorgnanten von Cauffungen verclagt wie das die von obercauffungen Obir Meister gensingen eyne falsche ruge gethan vnd gescheen haben loissen Dieselbigen yne auch seine eppel vnd bern gstolen haben Vnd sein haw nemen laissen des er sich Zo yne nicht versehen hette vnd des aldo den schultheiß gebeten bit yme Zuerschaffen das solichs nicht mehir geschee

Item Amselbigen gerichte Mag auch geludt haben In seiner clage so vile wiss er das yme sine fenster vßgeslagen sein vnd sein hopffe abgesnitten vnd den schultheiß abirmals angeruffen liber schultheiß es ist mir zo Cauffungen gescheen vnd also gehit man mit mir vmb vnd also thun sie mir auch In disser sach mit dissem hergelde Also sein dargegen gestanden die vorgenger der von Kauffungen vnd sich solich worte widerredt vnd sich horen laissen Das sie sich vnd Ire nachburn vnschuldig wissen solicher bezychtigung vnd haben

---

den richter alsbald gebeten yne eine anstellunge Zutun an scheffen vnd 62
greben des gerichts wie sie sich solicher vnwarhafftiger clage entleddigen mogen Nach gewohnheit des landes Zo Hessen vnd auch als recht sey vnd bitten vnd begeren Noch vom richter eine anstellung des rechten an den erwurdigen Roit zu Cassel do es Zur Zeyt solich clage an erwachssen ist Sich noch zu untirweisen wie sie sich eines solichen noch vnschultig machen mochten Das sie Zo Iren landrechte widder kommen muchten wie sie das gewißt vnd gelernt werden zom rechten gnug sein sie vrputtig vnd stellen das Ins recht Zoerkennen

Antwort Meister Gensing vff den ehirsten artikel Die ruge betr. Wie er solt In vergangener Zceit vor dem schultheiß meins g. hern Die vorgenger des dorffs Obirncauffungen Mit solicher ruge semptlich oder enem In besondern gemeint haben do saget er luter neyn Zo dan er wisse nicht anders von den von Cauffungen dann von liben Nachburn vnd frommen Luden Er sey hievor von geheiß des schultheiß vf dye

---

Cantzley geeischt vnd aldo erschenen vmb Irrung etlichs 63
hergelts DorJn gensinck sich solt vngehorsam vnd nicht nachburlich gehalten haben dan hait er gesprochen liber schultheiß Es sein In vergangener Zceit mir myn fenster vßgeschlagen Auch bey nechtlicher Zceit vnd Weile mit eyn steine In myn haupt hart verwont geworffen Myn obs vnd hauw verloren Also hait mirs Zo Cauffungen ergangen Du sein die vorgenger von kauffungen zum Zorne bewegt vnd gereisset worden vnd also mit hen guden In raith getreten Es ist auch In der Zceit eyn gros Irrung vnd gericht in der stobben gewesen Vnd

In solichem gericht vff den tisch gelegt vnd dem schriber ein clage In die fedder gethan Das abir gensinck nit alle vnd luter hait horen mogen Doch hait er sich Auch vff den tisch gelegt vnd also zum schriber gesprochen Er gesthee des also nit das er alle die von kauffungen darmit gemeint habe sonder die Jenen die yme solichen schaden an fenstern vnd anderen gethan hoben Er wisse auch nicht von den von kauffungen wan von guten frommen Luden vßgenommen allein die Jenen die yme obin angezceigten schaden gethan haben Das er solichs auch

---

64 alsbald vff derselbigen Instanz widderfochten hait Zceucht er sich vff myns g hern, schultheiß vor eyns Den probst zum Anberge Zum Zweiten Symon Crußkopf vnd den schreiber der das schreiff Grefen Wilkyn kisteman zu Volmerßhusen vnd Kuntzen koler vnd hofft Zo got vnd dem rechten Er solle mit solicher sage do er gar vnvorschult Zu kompt nymants pflichtig sein dan er wisse von den andern von Cauffungen anders nicht dan von frommen Luden wie vor gehort Ist.

Der von Cauffungen Inredde ist das Sie nicht gesettigt sin mit der gethane antwort dorch gensinck gescheen damit er wil eyn pinlich clage verantwort haben vnd das nun zur Zceit nicht gemeint wil haben die von Cauffungen wilch clage doch vormals vffentlich vor dem richter vnd gericht scheffen vnd grefen muntlich vnd nicht mit gedanken vßgangen ist Darumb haben sie an der antwort kein genuge stellen auch Ins recht Ire entslahung die sie Zutun gebodden haben solle yne darmit nicht gebrochen sonder zu Irer entslahung Zoglassen werden Sy sein auch dem rechten vngeZweuelt die entslahung solle yne mit recht erkant werden vnd stellen das Ins recht[1]).

---

[1]) Folgt der zwischen dieser und der folg. Seite eingelegte Zettel: Diwil Meister gensinck dem Rechtsproche In disser sach gescheen nit gefolgt vnd nu vff dissen letzsten vnd dritten termyn der vfgelegten beweisung gegen den fleischhauwern nidderfellig worden ist darzu wir Ime auch vierzehn dage die yme doch von rechtswegen nit geburt hetten zuglassen vnd geben haben sich dorinne seiner noittorfft zubedencken das alles er vorechtlich abgeslagen vnd zu vßgange der vierzehn dage ysseblibben ist Demnach ist er schultig den fleischhauwern vmb die vorclegte smehe vnd scheltworte in actis grundt kor vnd wandel zutun so vil sich von rechtswegen geburt. Datum an Dinstag nach Crucis exaltationis. Anno sexto (In dorso steht „Gensingshandel“).

---

Item Wie aber gehort wirt In solicher antwort vßgegangen dorch 65
gensingen das er alle die von Cauffungen nicht wil gemeint haben
So wollen sie daruff protestirt haben Ob den von obirn Cauffungen
Ir entslahunge Zoruck solt gedrungen sein Dorch die gethane antwort
Meister gensings des sie doch Got vnd dem rechte nicht getruwen
so soll doch Gensinck Zumwenigsten die anzceige vnd namhafft-
machung luts seiner antwort die yme solichen obinangezceigten schaden
solten Zogewant haben darmit alsdant der grunt am tage nicht funden
worden Wie auch gensinck hait redden laissen das er die clage wult
widderfochten haben vnd sich zuhet vnd grunt vf etzwilch person
die darbey geweßen sollen sein Sprechen die von Cauffungen solle
sie nichts behindern Es sey auch nit zomrechten genung widderfochten
vnd hoffen noch bilch zu Irer entslahung Zu kommen mit furbehal-
tung pp

Nachredde Meister Gensincks In kortzen Worten ernuwert
sin antwort vnd saget nach wie vor Er wiß von den von
Cauffungen nichts dan alles gut vßgenommen alleyne die
Ienen die yne den schaden gethan haben Er hab auch

---

solichs In gegenwertigkeit obgnanter personen widderfochten dan 66
es sey nicht von noiden lange brw abir wenig festhe Zumachen vnd
setzt sein sach Zo recht Zoerkennen

Die obirncauffungen stellen Noch wie vor gestalt ist Item Meister gensinck bit die angezceigten gerichtlich Zuuerhoren vnd hofft bilche[1])

Diwil Meister gensinck nit gesteen wil das er die von Cauffungen mit solchen worten gemeint, sondern die Jenen die yme solichen schaden zogefugt vnd gemeint wil haben vnd gethon han luts der antwort Doruff erkennen Die scheffen Zo recht Das er die Jenen die yme solichen schaden Zugefugt bilche namhafftig machen vnd anzceigen vnd mit solichen auch alsdan furter gescheen sol wais recht ist vnd die andern von Cauffungen daruon er nicht saget dan alles gut sollen bilche zu yrem lantrechte kommen vnd glaissen werden

Item disse hiernachbenamten haben gesingen schaden getan Mit-

[1]) Hier steht am Rande b zum Zeichen, daß die mit a bezeichnete Seite 68 vorausgehen soll.

nomen vnd Ins ehirste hen bergenan hoit yme geworffen mit eyn steyne Item henrich Windeknecht einer mit den Fenstern[2])

[2]) Von „Diwil Meister gensinck" bis zum Schlusse der Seite durchstrichen, zwischen S. 66 und 67 ist aber eingeschoben folg. Zettel:
Zwischen Syfert Fleischhawer von obern Kaufungen von wegen seines vaters vnd Iren verwanten eyns Meister gesinge burger zu Cassel andersteils wie dan solicher handel wyter angelangt vnd vorbroicht Ist von vns dem Rade zu Cassel vor recht Irkant Nachdem Gensinck den Fleischhauwer offentlich vor richter vnd Rade angezeigt vnd mit dem Hauw eppel vnd bern wil gemeynt haben Dorumb sol er In disser sach zu keynem neyn gelassen werden Sondern das wie recht vff yne bringen So er das nicht an tag bringt dem rechte genugsam So sol er darumb bylche kor vnd wandel thun wie sich von rechtswegen geburet. Datum Am Freitage Nach Marg. virg. Anno XVC sexto. (In dorso: S. Fleischhauer).

67 henrich berte der ander Item der mit dem hauw eppel vnd bern ist hentze fleischhauwer

Gensinck hait sein geburliche Zceit genommen Zu seiner appellation in scriptis vorZutragen vnd ist darmit abgetreten

Die von Cauffungen haben Ir lantrecht gethan vnd doruff Zoglassen vnd Irkannt als from sie vor den scheltworten geweist sein vnnd mogen nu widderumb gehin Zu kerchen zu Clusen Zu rume vnd rade vnd zu allen eren vnd wurden wie vor gescheen Ist[1])

[1]) Die ganze Seite ist durchstrichen. Zu vergl. das Urteil S. 76.

68 [1])

Item in der sach Zuschen den von obircauffungen eins Meister gensingen anderteils Nach beider party vorbringen erkennen die scheffe Diwil Meister Gensinck nit gestehin wil das er die von Cauffungen mit solichen worten gemeint vßgnommen die Jenigen die yme schaden Zogefugt vnd gethan haben luts seiner antwort Demnach Erkennen die scheffen vor recht das gnanter gensinck bilche die Jenen die yme schaden Zogefugt vnd getan han Namhaftig mache vnd an Zceige mit wilchen auch furter wais recht ist gescheen sol vnnd die andern von Cauffungen darvon er nicht sagt dan alles gut sollen bilche Zu Irer entslahung vnd lantrecht kommen vnnd glaissen werden Datum ut supra

[1]) Hier steht am Rande a zum Zeichen, daß diese Seite vor b auf Seite 66 gehört.

Vff dissen gemelten spruch sein die von Kauffungen In Ir Lantrecht geweist das dan auch wie lentlich ist gethan vnd daruff alsbald Irkant vnd Zoglassen als from sie vor den scheltworten geweist sein Vnd mogen doruff widderumb gehin vnd stehin Zu kirchen Zu clussen zu rume vnd rode Zu allen eren vnd wirden wie vor gescheen Ist

Czue dissem sproch hait gensinck sein geburlich Zyt gnommen Zu der appellation Die In scriptis furzutragen vnd ist doruff abgetreten.

Diesse hernachbenannten hait gensinck angezceigt als vor Die Jenien so yme schaden gethan haben

[2])

Meister Gans stelt an Zoerkennen diwil er von alle den von Cauffungen verbot ist so hofft er die da genwertig sein sollen gnugsamlich fulmacht von den die nicht da sein, vorlegen vnd hofft bilche

Dargegen sagen die von Cauffungen also vnnd erpieten sich ob ymants do heym glassen wer von kranken Lamen vnd gebrechlichen Luden vnd auch die nicht anheimisch sint vor die alle sie gut vnd der mechtig sein wollen zu aller sach vnd hoffen sie werden bilche Zo Irer anclage glassen

[2]) Hier steht am Rande ein Zeichen, wonach die folgenden zwei Absätze an den Schluß von S. 68 gehören.

---

Vff solich vorbringen Ist der scheffen erkentnisse also Diwil die 69
von Kauffungen als vor das groissest teil Irer sammung Sonderlich by 80 personen genwertig erschynen vnd auch sich vffentlich vor Richter vnd Rode erpieten Sie wollen gut sein Zu disser sach Zogewinst Zouerlust vnd Zo allem rechten vor alle ire nachburn die nit genwertig weren Odir abir Itzo Zur stedde gebrechen halber kommen mochten So erkennen die scheffen vor recht Das Meister gensinck von rechtswegen schultig ist ynen vff ir anclag Zuantworten Datum pp

folgt die clage Also Item die von kauffungen setzen vnd klagen wie sie meister gensinck vt sequitur

---

Item henne bergmann hait yne mit dem steyne geworffen 70

Item Henrich Windeknecht ist eyner mit den fenstern

Item henrich berte ist der ander mit den fenstern

Item hentz fleischauwer wil er gemeint haben mit dem hauw eppel vnd bern

In der sach zuschen dem Confent zum Anenberge eins vnd hans waldensteyn anderteils vmb Ansage etlichs Zinßs Zu eynem garten halten Doruff erkennen die scheffen Zu recht kan der probst von wegen des Confents beweisen als recht ist das sie eyn Zins in solichem garten gehabt haben den nu Waldensteyn gebrucht des sollen sie bilche genissen Sin autem non So sol er der ansage bilche verlaissen werden Datum Cassel am freitag nach Margarethe virginis Anno sexto[1]

primus terminus erit sabatho post panthalaonis secundus termynus secunda post Marie assumptionem tertius am Dinstag Nach Felicis vnd audacti

Syfert fleischauer von wegen seins vaters hentzen fleischhauwers mit sinem anhange vnd frunden erschinen vor richter vnd rode vnd bitten sich Zulernen wie sie Iren vater vnd frunt nach toder hant vnd auch sich selbst entleddigen sollen der Inglegten smehe von gensinge gescheen luts der acta darfon vermeldtt[2]

Antwort gensinck vnd wil nit gestehin das er die fleischhawer an eren odir glempffe wil gemeint haben dan es sey hievor der sachen halb eyn vertrag vfgericht vnd wisse vnd den nit anders dan von frommen luden vnd hofft darumb er sey dem vater odir frunden wyter nichts schultig. Nach beyder party vorbringen erkennen[3]

---

[1] Am Rande steht: „Re.“ (= resolutio) und darunter: „Anenberger rechtsproch“.

[2] Vgl. S. 61 und den folgenden zwischen S. 70 und 71 eingelegten Zettel: Diweil Meister gensinck dem Rechtsproche In disser sachen gescheen nit gefolgt vnd uu vff dissen letzsten vnd dritten termyn der vfgelegten beweisung gegen den fleischhawer nidderfellig worden ist darzu wir Ime auch 14 dage die yme doch von rechtswegen nit geburt hetten zuglassen vnd geben haben sich derJenie seiner noittorfft Zubedencken Das alles er vorechtlich abgslagen vnd Zu vßgange der 14 dage vsseblibben ist Demnach Ist er schultig dem Fleischhauwer vmb die vfgelegte smehe vnd scheltworte in actis grundt kor vnd wandel Zutun so vil sich von rechtswegen geburt Datum am Dinstag Nach Crucis exaltationis Anno sexto (Sept. 1506). Auf der Rückseite steht „Gensingshandel“.

[3] Die Fortsetzung bilden die Schlußabsätze der folgenden Seite.

---

71 In der sach Zuschen ern henrich Ortea eins vnd dem Capittil zu Sanct Martins andersteils vmb Irrung vnd gebrechen eyns heymlichen gemachshalber wie nu solich handel In schulden vnd antwort wyter anglangt Ist von borgermeister vnd Raith zu Cassel vor recht erkant Diwil solich gemach bey ern wernher Elemans Zcyten selige In solichem winckel vffgericht vnd nachfolgend Er Ortea dasselb bey

seiner Zceit vngeferlich bey 16 Jorn gelitten vnd auch In der Zceit als yne das Capittel vnd der buw solich huß verkaufft nicht angefochten hoit so ist er schultig solich gemach hinfurter zuliden Wo yme abir solichs nit lydelich sein wult So sollen yme das Capitel vnd buw solich huß widderumb bezcalen Inmassen er das von yne gekaufft hoit Vnnd sich alsdann Zu Irem huse halten Datum sexta feria post Johannis sancti baptiste Anno sexto[1]).

Secunda post Margarete virginis hait sich hentz herßfeld begeben in 9 gl houptgelds darfon ½ gl. Zinss vff Jacobi Zobezalen vß 2 acker lands vor dem Anenberge vff beit syten Reo (?) mit 9 gl Reo (?) quando placet Sanct Joists bruderschafft In der Nuwenstat et successoribus

Zuschen Sjfert fleischhauwer vnd sinen verwanten von wegen sins vaters vnd frunts Hentz fleischhauwers eins Meister gensings anders teils wie dan solicher hantel wyter angelanget Ist wird von den scheffen Zo recht Erkannt[2])

Nach beider party vorbringen Erkennen die scheffen Zo Cassel vor recht Diwil meister gensinck den fleischhauwer vffentlich vor richter vnd rade angezceigt vnd mit den hauw eppel vnd bern wil gemeint haben Inhalts der vfzceichnung in actis gescheen so sol er Zu keynem neyn glassen werden sondern das wie recht ist vff yne bringen, So er das nicht an tag bringt dem rechte genugsam so sol er darumb kor vnd wandel thun wie sich von rechtswegen geburt Datum am Freitag nach Margarete virginis 6 wochen vnd dry eyner partye zu bit zubringen der andern wis furbrocht wirt Zogewerten

[1]) Am Rande steht: „Rechtsproch Er (= Herr) Ortea".
[2]) Vgl. Note 3 der vorigen Seite.

---

Die ancleger hoffen gensinck solle geschickt sein vff[1]) 72

Nachdem Meister gensinck dem rechtsproche nit gefolgt vnd der vfglegten Beweisung in disser sach gescheen desselben sprochs fellig wirden ist er schultig den fleischhauwer vmb soliche vfgelegte smehe kor vnd wandel zutun so vil sich von rechtswegen geburt vff den letzsten vnd dritten termyn insderfellig worden darzu wir yne auch obir das 14 dage die yme doch von rechtswegen nicht geburt hett gegeben, so ist er schultig[2])

[1]) Nachgetragene Zeile.
[2]) s. S. 70 Note 2.

**Gericht am Dinstag Nach Dionisy In der Aldenstatt**[1])

Vor vch samthafftigen vnd weisen hern richter, bürgermeister vnd scheffen beclagt sich hans scherer wie das In vergangenen tagen Auch bey nechtlich Zceit vnd wile als meister vß der von Cassel fur winkeller hait gehin wollen Also ist Meister Hans cleger von drien wie gnannt Adam scherer Hans Andren vnd Claws Rymensniders wilche obgnante drey vnterstanden haben Meister hansen Zoentweldigen Lybs vnd guts wo Im got der Almechtig nicht darfonne geholffen het das er den gnanten dren thetern also In der von Cassel winkeller kommen wer

Item die obgnanten dry beclagten haben es bey solicher gewalt vnd selbrecht nicht glassen, sonderlich Meister hansen den cleger vnd sonderlich Adam der scherer der hoit gnanten hansen geschulten vorreter Dyb vnd bosewicht Bit vnd begert vilgemelter hans scherer euch furgeachten vnd weisen liben herren Auch so Ime die worte ere sele vnd Lyb betreffend mit recht Zoerkennen vnd vßzusprechen

[1]) Am Rande steht Anno sexto.

73 Das ehirstlich vmb den obirlauff von den drien gescheen Auch dornoch vmb die sweren pynlichen worte von Adam alleyne kor vnd wandel schultig zutun sein Auch wie er sich solicher worte Nach weise vnd gewonheit des hußs zo Cassel entleddigen solle mit furbehaltung aller noittorfft Zum rechte gehoren

Meister Adam sagt solche pinliche clage sey Ime nicht Dorch den statknecht verkunt worden dermassen Zugescheen vnd hofft darumb nit schultig sein vff die clage vff diesser Instanz antwort Zugeben

Item vff des widderteils vnbegrunt vnformlich tunckel wintslege exception In meynung vnd gemute Meister hansen sein clage Zostoppen vnd sich vfzuhalten daruff den krig Zubefestigen nit schultig sey Nachdem aber das ym der knecht darZu nit vorbot hab yme auch nit mehir dan eyn hlr geben hab des auch kein gwissen, Sagt Meister hans ehirstlich Er hab dem knechte 6 H geben Vnd ab er yme keyn hlr gegeben het So hab er doch guts gewissen Auch richter und roid das hans scherer vor drien wochen vngefehr vmb soliche geweltigliche obirleuffen auch swere tyffe worte yme sele Lyb vnd ere antreffend beclagten Rufft vch des an vmb gots willen yne dahin Zozwingen das er schultig sey, vff disse clage antwort Zogeben vnd stellet das Zoerkennen

Nachdem das er nicht geeischt ist Nach der gewonheit des Lants Zo Hessen so solle er nicht schultig sein Vff disse clage Zo antworten

---

Adam Stroman ist schultig Nach beider party vorbringen vff 74
die clage hans scherers antwort Zogeben

Nachdem disse sach Pynlich ist so wil vns nit geburen vffschub zogeben zu disser antwort ane verwilligung der partye, vnd erkennen darumb bilch Zur antwort.

Antwort Adam scherer so er Meister hansen sol verlumbet haben mit etzwelchen worten Do sey Jo etzwais von gerugt Vnd bit darumb die ruge Zulesen alsdann wil er forter antwort geben so vile sich geburt

Adam scherer saget die ruge vermelde nicht das er hans scherern alleyn schulden hab luts der ruge vnd hofft darumb er sey nit schultig hinter dan andern die In solichem thun gemelt vnd geweist, antwort Zugeben

Inredde Meister hanßs vff die vnbegrunt antwort des gegenteils saget hans also das er an solicher wintslegigen antwort nit benugt odir gesettigt sey vnd auch diwil solche yme ere vnd glimpff betr. Vnd auch von Adam als beclagten der Orsprung vnd hadder Auch die verlumpten worte hergekommen sein Bit Meister Hans yme Zo sinem lantrecht kommen Zolaissen alles nach weise vnd gewonheit dißs hußs vnd gewonheit des lants Zo hessen vnd bit vmb das orteil mit furbehaltung vnd vbirgeben alle das Jene das vns In recht geburt

---

Lieber richter, burgermeister vnd Roith do ist eyn ruge de lossen 75
me In Irer macht als vele sie gehaben kan Auch die ruge nit vermeldet In sonderheit meister adam yne geschulden solle haben na Lut Irer clage Vnd hofft nademe daß yne Meister hans also angezogen vnd die ruge nit vermeldet so stelt er Zoerkennen er sey yne nit schultig alleyne antwort Zogeben

Meister hans bit vmb gots willen Zom rechten Zokommen Nach gewonheit des hußs Zo Cassel

Nach beider party vorbringen Erkennen die scheffen Zorecht Das Adam scherer vor sein person vnangesehen die andern mit solicher ruge angezoggen, richtig antwort geben vff sine clage

Hie stehet Meister Adam vnd leßt die ruge In Irer Macht als vile sie gehaben kan vnd hofft Meister Johann sey keiner entslagung wyter von noit dan er hab yne nit geschulden vnd wiß auch von yme anders nicht dan von eyn frommen man Und zuget sich des vff die ruge das er yne nit gescholten hoit

Diweil nu Adam der scherer als beclagter von Meister hansen dem cleger nichts anders den gut vnd fromkeit weiß luts der antwort vnd auch Ine sein

---

76 Lantrecht nicht Zobrechen weiß bit vnd begert Meister hans vmb gots vnd des rechten willen Ine zo solchen seinem lantrechte wie gewontlich ist Zozolassen vnd Alsdann wen solichs gescheen ist wie sich geburt ferner nachzofolgen vnd stelt das Zoerkennen

Die entslahung als Meister hans angestalt hoit lassen wir zu es sey dan sach das yme die widderteil gebrechen mag wie recht ist.

Nach solicher entslahung die Meister hans wie recht getan hoit Ist er widderumb In sein lantrecht gesatzt vnd ist In dissor sach vnd rechtfertigung als fromm Nach den scheltworten als er dafor geweist ist Vnd mag nu widderumb gehin zu rume vnd rade zu kirchen vnd clusen vnd Zu allen eren

Item Meister hans stelt Zu recht wais er nu mit siner forderthant Nach gewonheit des hußs Zo Cassel verdint hait

Item Meister hans stelt an Ob er nicht kost vnd schaden kor vnd wandel In disser sach gegen Adam Adam scherer erstanden hab.

Antwort Meister Adam es sey so nit gewontlich als er verstehe vnd zugt sich des ans lantrecht vnd hofft er sey yme nit schultig kosten vnd schaden Zogelten dan er hab yne nit geschulden

Item Meister Hans blibt bey seiner vorigen anstellunge vnd stelt Zu recht wie vorgestalt ist.

---

77 Die größere obere Hälfte des letzten Blattes, das die S. 77-78 bildet, fehlt. Aus dem Reste der allein beschriebenen Seite 77 ist nur so viel ersichtlich, daß am Abend Andreä Apostoli ein Kläger wegen zweier Betten und deren Zubehör Klage erhebt und das „ins recht zu erkennen stellt". Das letzte im Gerichtsbuch genannte Datum einer Klagerhebung ist hiernach der 30. November 1506. Die zweite Seite des Blattes war, wie dessen Ueberbleibsel ergibt, jedenfalls in ihrer untern Hälfte leer. Ihre vom Alter bewirkte tiefdunkele Färbung beweist, daß wir nicht etwa ein erst gelegentlich der Zerstörung des Stadtarchivs im Jahre 1807 verstümmeltes Gerichtsbuch vor uns haben.

FSC
www.fsc.org
MIX
Papier | Fördert
gute Waldnutzung
FSC® C083411

Kolibri 360 GmbH
Ferdinand-Jühlke-Straße 7
99095 Erfurt, Deutschland
produktsicherheit@kolibri360.de